审计新视野丛书

Auditing the Risk Management Process

K. H. SPENCER PICKETT

风险管理过程审计

（英）K．H．斯宾塞·皮克特　著

王义华　译

东北财经大学出版社
Dongbei University of Finance & Economics Press

WILEY

大连

© 东北财经大学出版社 2010

图书在版编目（CIP）数据

风险管理过程审计／（英）皮克特（Pickett, K. H. S.）著；王义华译.—大连：东北财经大学出版社，2010.11

（审计新视野丛书）

书名原文：Auditing the Risk Management Process

ISBN 978 - 7 - 5654 - 0168 - 8

Ⅰ. 风… Ⅱ. ①皮… ②王… Ⅲ. 风险管理 – 审计 Ⅳ. F239.6

中国版本图书馆 CIP 数据核字（2010）第 205217 号

辽宁省版权局著作权合同登记号：图字 06 - 2006 - 34 号

K. H. Spencer Pickett：Auditing the Risk Management Process

Copyright © 2005 by John Wiley & Sons, Inc.

东北财经大学出版社出版

（大连市黑石礁尖山街 217 号 邮政编码 116025）

教学支持：（0411）84710309

营 销 部：（0411）84710711

总 编 室：（0411）84710523

网 址：http：//www. dufep. cn

读者信箱：dufep @ dufe. edu. cn

大连图腾彩色印刷有限公司印刷 东北财经大学出版社发行

幅面尺寸：170mm×240mm 字数：230 千字 印张：11 1/2 插页：1

2010 年 11 月第 1 版 2010 年 11 月第 1 次印刷

责任编辑：刘东威 王 玲 刘 佳 责任校对：那 欣 毛 杰

封面设计：冀贵收 版式设计：钟福建

ISBN 978 - 7 - 5654 - 0168 - 8

定价：28.00 元

前　言

"审计新视野丛书"是以内部审计师为主要读者的系列丛书。本丛书同时适于从事治理、风险和控制系统复核的外部审计人员、合规性小组、财务主管、咨询师及其他人员。本丛书也适于执行官、经理和职员，其正越来越多地被要求复核内部控制系统，以确保各种类型的组织均有健全的风险管理过程。本丛书的各分册均涉及与审计和复核有关的重要问题及相关概念。本系列丛书将与时俱进，威立（John Wiley & Sons）公司将同内部审计师协会（IIA）一道以确保每册的新题目均可以反映时下的最新进展。"审计新视野丛书"的框架如图 P—1 所示。

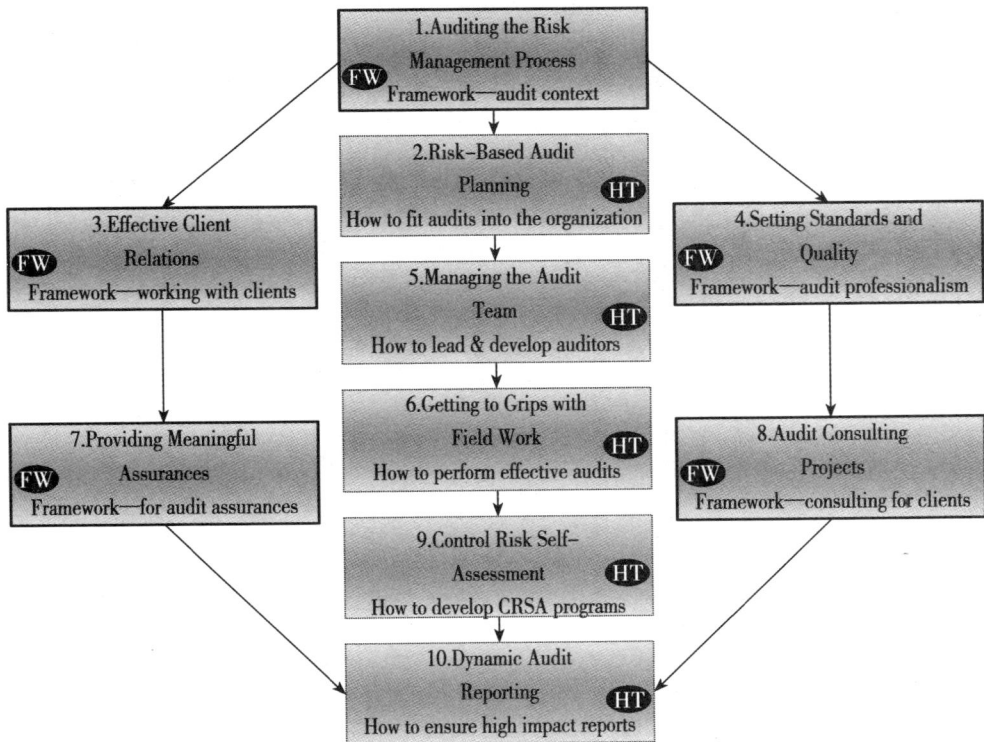

图 P—1　"审计新视野丛书"

"框架（FrameWork，FW）丛书"列示了各种模型。这些模型有参考资料的支持，以确保其可以就最佳实务指南对现行实务的影响做出评估。"如何做（HowTo，HT）丛书"也使用了同样的模型，但其更为关注的是检查表和已使用过的例子，以此来补充说明相关支持性框架的各个方面。上述每本书均关注内部审计师协会的专业实务框架，如其所发布的准则、建议以及与之相配套的指南。因为这些丛书相当简明，所以参考其他来源的资料时也应加以限制。由于企业发展日新月异，导致目前适用的案例很快就会过时，因此本系列丛书并未引入对著名公司的详细的案例研究。然而，本丛书参考了不同组织中正在发生的许多简短的例子，以说明所持的重要观点。治理、风险及控制的动态性质，意味着"审计新视野丛书"中某些新书的名字可能会在日后有所改变。最后，衷心希望读者在阅读本丛书时可以发现其趣味性和引人入胜之处。另外，本丛书还将提供有关内部审计、外部审计及其他复核功能的部分参考文献。

书中简称列表

CAE：首席审计执行官
CEO：首席执行官
CFO：首席财务官
COSO：发起组织委员会
CRO：首席风险官
CRSA：控制风险自我评估
CSA：控制自我评估
ERM：企业风险管理
H&S：健康和安全
IIA：内部审计师协会
IS：信息系统
IT：信息技术
KPI：关键业绩指标
OECD：经济合作与发展组织
PPF：专业实践框架
PR：公共关系
RA：风险评估
RI：风险识别
RM：风险管理
RO：风险所有者
SEC：证券交易委员会
SIC：内部控制报告

译者简介

王义华，1972 年生于辽宁省，管理学（会计学）博士，现任深圳大学经济学院副教授。近年来在《特区经济》等学术期刊上先后发表论文 20 余篇，并出版学术著作、译著、教材 4 部。近期较有代表性的著作有《论现代风险导向审计》等。

目　录

第 1 章 为什么要有风险管理

内部审计活动应辅助组织识别和评价所面临的重大风险，并着手改善风险管理与控制系统。

IIA 准则 2110

1.1 引言

近年来内部审计迅猛发展，凸显出其在绝大部分组织中所占据的重要角色。内部审计部门不再是后勤检查小组，而是公司重要的职能部门。内部审计着眼于专业化和客观化，产生了重大的影响。这是同以往大不相同的。导致这一变化的关键是原来对雇员实施控制，而现在则运用风险评估，从而使管理当局及其雇员有能力对其经营活动实施有意义的控制。从必须去控制到主动要去控制，这种文化意识的转变，使雇员有更多创新和试验的机会。

可惜的是，风险管理在过去并非总是发挥作用。20 世纪八九十年代经济的迅速发展，意味着许多组织的加速发展已将懦弱不前者远远撇在后面。投资者希望迅速取得回报，竞争也要求我们抢先向市场提供新的或改良后的产品；或者说，至少给我们这样的印象。明确的目标或道德观对组织来说，就像铁路信号灯和刹车之于前行中的火车一样，非常有必要。而过去十年爆发的丑闻恰恰说明我们缺乏这些。

无情竞争下的轻率交易从 20 世纪 90 年代一直延续到 21 世纪，直到监管者开始强硬起来。在陈旧的治理模式下，选出的董事会围绕着有权力的 CEO，CEO 唯一的受托责任就是发布审计师已复核过的财务报表，而该审计师又与 CEO 关系友好。在这种环境下，法规被视为需要规避的障碍。公司的律师主要被用于设计路线图，以帮助执行者获取超越法律条款和行业法规的路径。这种陈旧的治理模式已无法跟上新的商业动态。2002 年，随着《萨班斯—奥克斯利法案》的发布，社会的关注已到了摊牌的阶段：遵守法律法规并说明应当如此，这是公司高层的个人责任。IIA 将风险管理与公司治理的关系描述为：

> 风险管理是公司治理的基本要素之一。管理当局代表着董事会，其有
> 责任建立和运作风险管理框架。[1]

在过去，控制框架除了有助于建立标准外，更多扮演的是基本标尺的角色，并停留在符合性测试的检查、归档阶段，直到下一年度的同一时间。然而，时至今日，无论是企业、执行官还是利益相关者，都将焦点集中到风险上来。事实上，社

会普遍关注风险理念的最前沿，其涉及如下诸多方面：

- 发布的会计账户信息是容易令人产生误解的。
- 业绩信息是捏造的。
- 监管披露没有良好的证据支持。
- 有关对财务报告及合规性程序是否实施了充分控制的问题，高级管理者声明其并不知情。
- 公司的资产没有得到正确的保护，以使其免于浪费、损失、遭受攻击或自然灾害。
- 公司的声誉将影响到顾客的忠诚度。
- 运营及程序是低效的且缺乏灵活性。
- 提拔和招聘了不当的人员。
- 组织无法迎合顾客、市场以及利益相关者不断变化的期望。

为了解决这些问题，组织应该遵循企业风险管理（ERM）的指导。ERM是一种系统方法，其从战略的高度来识别和管理存在于企业的各方面的风险。由于各项风险在影响力和紧迫性方面都会随时发生变化，因此组织必须及时做出应对，以保证新风险所带来的损失是有限的，带来的机会却已被发掘。事实上，成功企业的主要特征即在于，能够比其他类似的企业更有效地预测并应对全球风险。在如此高风险的环境里，内部审计师的角色也就变得更加重要起来。如果说ERM是成功的关键助推器，那么ERM框架的各个组成部分也就成为了我们要考虑的基本要素，而ERM框架正是为了应对整个业务流程中的风险而建立的。当各方都具有明确的职能时，有必要解除各职能所具有的明确责任。任何不足都将导致问题的出现。首席审计师关于ERM审计方法的选择至关重要，不能抱任何侥幸心理。

如果组织没有面临风险，则没有必要雇用内部审计人员。如果组织始终处于完全的控制之中，则没有必要实施复核、调整以及重新组合，甚至没有必要实施内部控制。然而，之所以存在审计人员，是因为计划并非总是按照预想的方式发展，事情也并非总是像其外表那样看似真实。因此，我们需要审计人员来确保组织理解它的风险，采取步骤来应对可预见的问题并抓住潜在的机遇。为了将风险提上议事日程，并确保已对风险给予了恰当的考虑，审计师可以采用建议、帮助、劝导和发布警告等辅助工具。为成为对风险敏感的工作团队所共同做的这些努力，意味着审计师正快速成为执行官、管理者和雇员的重要朋友。

在开始第一个模型的讲述之前，我们有必要给出IIA对内部审计的正式定义：

> 内部审计是一项独立客观的鉴证和咨询活动，用以增加价值和改善组织的经营。它通过应用系统的、受过训练的方法，来评价和改善风险管理、控制及治理过程的效果，帮助组织实现其目标。[2]

从这个定义中我们可以清晰地看出，内部审计植根于风险管理、控制和治理。IIA主席戴夫·理查兹（Dave Richards）出席了2004年9月于内华达州拉斯维加斯召开的"IIA企业风险管理和控制的自我评估"会议，有报道称：

理查兹强调了 ERM 和 CSA 的主要趋势，其包括：世界各地应采取法律行动以强调风险管理的必要性，以及有迹象表明内部审计师在使用风险评估的程序中正变得越来越主动。尽管 CSA 尚未完全植根于许多企业，但是 ERM 正日益成为良好治理的关键组成部分。内部审计师应促进组织接纳 ERM 并取得进展。最后，理查兹还鼓励与会人员："现在是从事内部审计职业的最佳时间"，他激励与会人员在各自的组织中倡导风险管理流程，以及在审计活动的前沿遵循内部审计准则和基本原则。[3]

当管理者在组织中努力实施良好的风险管理时，要帮助和支持管理者；同时，还应确保严格遵循审计准则的条款，这对内部审计师来说仍是一个挑战。IIA 将风险管理定义为：

> 一个过程，即识别、评估、管理和控制潜在的事件或情况，以提供关于实现组织目标的合理保证。[4]

组织包括所有的公共组织和私人组织，企业风险管理被描述为：

> 一个过程，它贯穿于整个组织之中，旨在识别、评估、确定应对措施以及报告影响组织实现目标的机会和威胁。该过程是有组织的、一致的、连续的。[5]

我们也要花点时间来看看关于 ERM 的权威性文件——2004 COSO 框架，该文件由发起组织委员会（COSO）于 2004 年 9 月 29 日发布。1985 年，由反欺诈财务报告全国委员会发起，美国五大会计职业组织共同成立了 COSO。本书中所有关于 COSO 框架的进一步参考都与 2004 COSO 框架有关。关于 COSO 的详细资料及其出版物，请参考网址 www.coso.org。在 ERM 指南的前言中，COSO 评论道：

> 人们迫切需要一个企业风险管理框架，以提供关键原则和概念、共同的语言、明晰的方向和指南。COSO 相信《企业风险管理——整合框架》满足了这个需要，并希望它能得到公司和其他组织乃至所有利益相关者和有关方的广泛认同。[6]

1.2　风险管理框架模型：阶段 I

我们第一个模型关注风险管理在组织中的存在方式。模型的起点为企业上层——CEO 和董事会——的职责以及为确保良好的公司治理而采取的应对压力的方式，如图 1—1 所示。

接下来，将描述模型的各个方面。

1.2.1　企业外部的全球和市场发展

风险与影响全球经济的事件是内在相关的，这些事件包括利率变动、国际发展和资本转移的波动。同时，随着消费者需求的变化和竞争者的加入或离开，市场也在不断变化。公共服务也会因社会需求和期望的不断变化而受到影响。COSO 将这

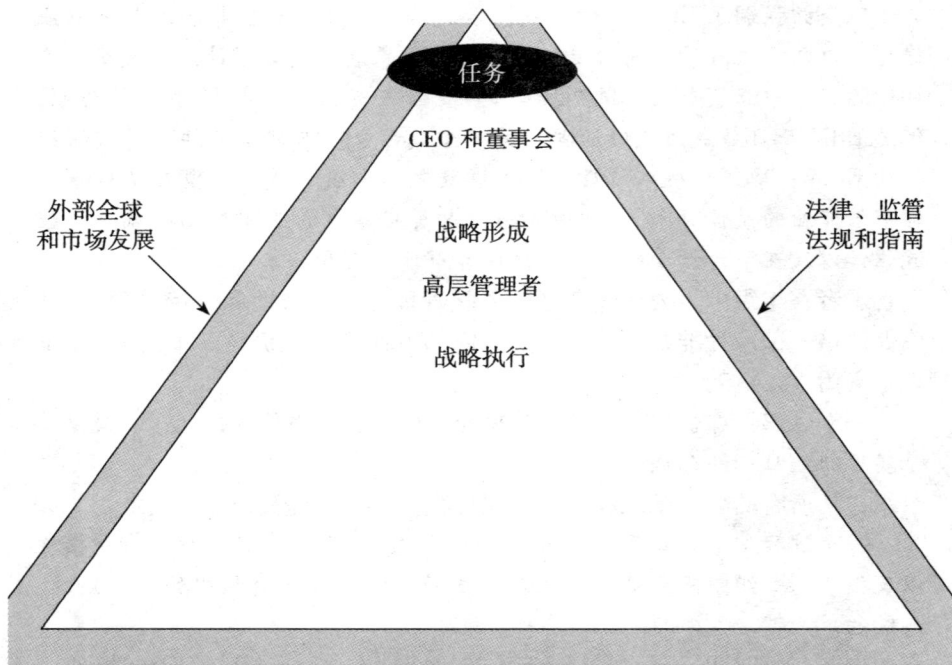

图1—1   风险管理框架模型：阶段 I

些不确定性总结为：

> 全球化、技术、重组、市场变化、竞争和监管等因素导致了不确定
> 性，而企业恰恰是在充斥着这些因素的环境中进行运作的。[7]

1.2.2   法律、法规、守则和指南

治理守则和公司法可以是一般性的，或者是分行业的。治理守则和公司法主要是从应对社会期望的角度对公司提出额外要求，或者是因公司丑闻所致需要对现有法律进行加强。几年前，发布了最为著名的《萨班斯—奥克斯利法案》，该法对在纽约股票交易所和纳斯达克证券交易所上市的公司产生了深远的影响。制定地方政府法律也完善了企业所必须遵循的法律框架。另外，还对某些职业（例如，法律、医疗、会计等）规定了不同的行为规范和具体法规，执业人员必须遵守。在这里，治理是指组织自身的行为方式和管理事务的方式。IIA 将治理定义为：

> 董事会所应用的程序和结构的总和，旨在通知、指导、管理和监督组
> 织的活动，以实现组织的目标。[8]

我们应正确应对监管者所描述的日益广泛的社会需求，绝大部分组织都了解这种必要性。COSO ERM 的前言对此强调道：

> 在开发本框架期间，发生了一系列众所周知的企业丑闻和失败事件，
> 投资者、公司员工和其他利益相关者因此遭受了巨大的损失。随之而来的
> 便是人们纷纷呼吁采用新的法律、法规和上市公司准则来加强公司治理和

风险管理。[9]

经营业绩与法律法规的遵循情况应并重，这正如某大零售商所言：

我们的经营遍布全球各地，这虽然提供了非凡的机会，但是在应对不断变化的法律法规方面也带来了额外的复杂性。与监管环境的变化保持同步，这对管理者是个挑战，不过我们下决心这样做。我们继续监督法律、法规的遵循情况，并在必要的时候更新内部系统或改变经营方式，以确保遵循法律法规。[10]

1.2.3 任务

构建风险管理框架是为了实现组织最高层面上的整体任务。例如，福特汽车公司的任务被表述如下：

我们是一个具有光荣传统的全球大家庭，热情地致力于为全世界的人民提供汽车。我们想消费者之所想，并提供杰出的产品和服务，以改善人们的生活。[11]

同时，福特汽车公司对未来的展望是：

成为能够提供世界领先的汽车产品和服务的生产企业。[12]

许多公司治理守则中提出公司的目标应更加丰富，以确保其可以解决广泛的社会问题：

除了经营目标，公司也会努力披露与商业道德、环境和其他公共政策执行等相关的政策。[13]

私人、公共和非营利组织的环境现实意味着，我们永远都无法确定任务已被全部完成，从而使对未来的展望变为现实，而风险即是指缺乏确定性。因此，风险被界定为：

风险是指影响目标实现的事件发生的可能性。因此，为了确保捕捉到所有重大的风险，有必要知道所审核的组织功能或活动目标……组织的成功标准是衡量目标实现的基础，因此可运用该标准来识别和衡量风险所带来的影响或后果。[14]

1.2.4 CEO 和委员会

ERM 是由企业的 CEO 和委员会来实施的。CEO 和委员会还要做出战略决策，这些战略的实施会将任务转换成企业的成果。IIA 将委员会定义为：

委员会是组织的治理主体，如董事会、监事会、代理主席或立法主体、治理委员会或非营利组织的信托委员会或组织的任何其他指定主体，包括接受首席审计师向其报告的审计委员会。[15]

委员会负责形成战略，并雇用执行官、管理人员、职员以及其他适当的人员来实施战略。良好的委员会非常必要，正如下面所言：

安然公司存在三个主要问题：一是公司的委员会臃肿、消极；二是其实现盈利目标的动机不良——可能这是最具杀伤力的；三是其愿意雇用最好、最聪明的雇员，并在他们创新、创新、再创新时，给予丰厚的回报。不幸的是，创新所掩盖的另一面即是欺诈。[16]

此外，委员会在监管风险管理的过程中扮演着关键的角色。COSO ERM 在描述该角色方面给予了指导，事实上，委员会的监管职责包括：[17]

- 知晓管理当局在组织中实施有效的企业风险管理的程度。
- 了解并同意主体的风险容量。
- 复核主体的风险投资，并将其同主体的风险容量进行比较。
- 知晓重大风险，以及管理者是否已做出恰当的应对。

1.2.5　战略形成

我们的模型认为，应在全球市场和相关监管框架的基础上为每个组织建立正式战略。下面是来自 CalPERS（即加利福尼亚雇员退休系统，该系统提供退休和健康福利）建立战略的简短的例子：

> 我们的战略计划为我们的组织绘制了蓝图，以满足 140 万成员和雇员的退休和健康福利需要。该计划为我们指引了经营关系和互动关系。我们的经营哲学是一目了然的：我们以客户为本，我们的决策过程始终遵循价值和质量。[18]

1.2.6　高级管理者

该模型的下一个方面涉及高级管理者（即负责工作顺利完成的一线管理者）。公司战略将导致各种目标的生成，以确保组织的成功（即完成整个任务）。高级管理者负责运作企业，并对实现关键的业绩目标（通常被称作关键业绩指标，即 KPIs）负责。COSO ERM 根据这一主题，将高级管理者的核心责任归纳为：

> 管理者在其职责范围内指导 ERM 要素的应用，以确保其应用与风险容限相一致。从这个意义上讲，存在层级责任，即每位执行者实际上都是其责任范围内的 CEO。[19]

1.2.7　战略实施

管理者负责确保其职员、系统、预算能适用于既定战略的实施。为此，管理者将长期的公司战略分解为更易管理的短期规划，并由员工和相关的工作者来完成。员工实际上是组织的动力来源。授权式的组织允许其员工在工作一线做出决策，并根据顾客和客户的需要灵活应对。关于实施方法，BASEL 在银行经营风险管理框架中列示了高级管理者的责任：

> 高级管理者应负责实施委员会批准的经营风险管理框架。[20]

1.3　风险管理框架模型：阶段 II

如前所述，我们已经描述了公司的整体安排。先要制定战略，然后再来实施详细计划的各个方面，从而使员工忙碌起来并富有成效。对此，我们已有了基本的了解。然而，事实上，这种近乎一维的描述需要进一步的层次化和多彩化。为了分离和理解风险，近些年又出现了其他维度。为了体现这一点，我们进一步完善了模型，如图1—2 所示。

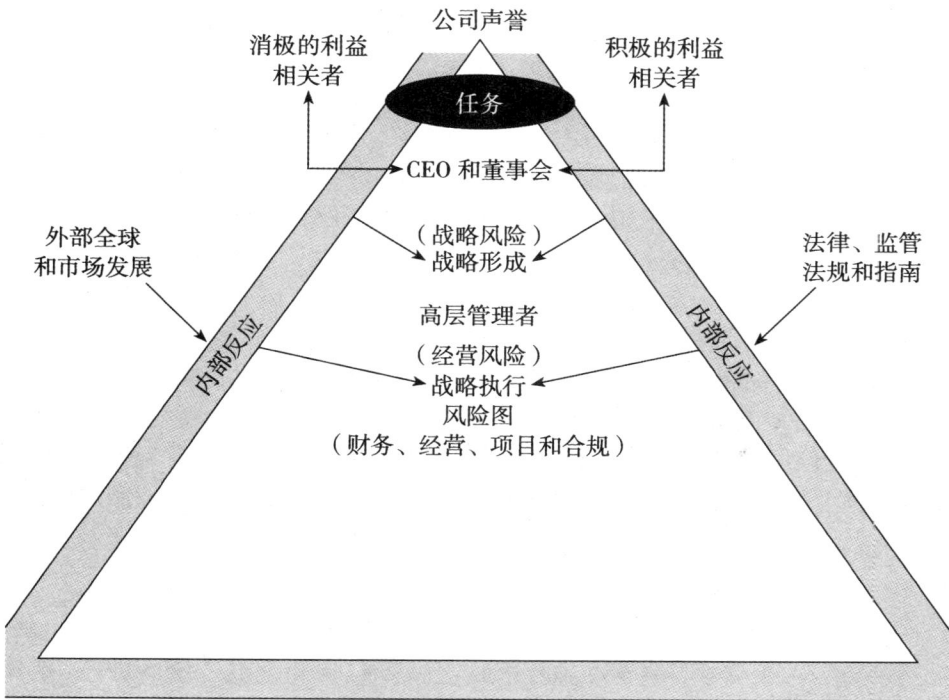

图1—2　风险管理框架模型：阶段 II

接下来，将描述该模型各个新的部分。

1.3.1　积极的利益相关者

近年来，我们逐渐接受了公司利益相关者的角色。积极的利益相关者对组织有直接的影响。在股份制公司中，积极的利益相关者包括股东，其可以投票决定董事会成员及其薪酬问题。此外，投资者、贷款人、同行、合伙人、银行、雇员以及其他方也都对组织有着重要的影响。类似地，机构投资者在许多大企业中因持有大量有投票权的股份而扮演着重要的角色。而公共部门组织则会受到公众的共同监督，以保证其良好的运作。在风险管理中，澳大利亚和新西兰的风险管理准则将利益相关者描述为：

受决策、活动或风险影响的人或组织，以及认为其自身会受决策、活动或风险影响的人或组织。[21]

1.3.2　消极的利益相关者

不与具体企业直接产生相互影响的利益相关者，被称作消极的利益相关者。此类利益相关者正越来越多。关心大型组织的地方社区、传媒、环境组织以及关心大型组织行为的人们对董事会都没有显著的影响，但其可对组织在众人眼中的整体形象发挥综合影响力并形成组织在他人眼中的整体形象。对于运作糟糕或没有充分评估其影响的企业来说，这些压力集团正影响着企业。对此，澳大利亚和新西兰的风险管理准则指出：

在风险管理过程的各个步骤，沟通和咨询都是重要的考虑因素。这涉及努力以咨询的方式与利益相关者展开对话，而不只是从决策者到其他利益相关者的单向信息流动。[22]

围绕着公司的社会责任，出现了新的主题。该主题将提升所有类型利益相关者的重要性。

1.3.3　战略风险

我们的模型将战略风险植根于公司的日程表。战略风险即意味着预定的目标可能不会实现。战略风险包括市场变化的风险、没有遵循各种法律法规的风险以及没有满足利益相关者需要的风险。公司战略应考虑这些分散的风险，并确保风险是以能实现既定目标的方式被解决的。澳大利亚和新西兰的风险管理准则将这种关系描述为：

能够有效（效果和效率）进行风险管理的组织更易于实现目标，并且其实现目标的总成本通常较低。[23]

战略风险的概念强调战略方法。所有的组织都需要考虑 ERM 中列示的下列问题：[24]

- 协调风险容量和战略。
- 加强风险应对决策。
- 降低经营意外和损失。
- 识别和管理贯穿企业的风险。
- 提供对多种风险的整体应对。
- 抓住机会。
- 改善资本配置。

各种类型的组织所面临的诸多重大风险都是无法由保险公司来承担的，如蔓延全球的恐怖主义、技术的快速更新以及优秀职员的可获得性。为了实现组织持续经营的目标，许多组织都将上述风险诉诸于内部保险，并使用良好的风险管理系统。回到 COSO ERM 上来，有些事项会影响组织，这些事项可被细分为如下外部因素和内部因素：

- 外部因素：
○ 经济。
○ 自然环境。
○ 政治。
○ 社会。
○ 技术。
- 内部因素：[25]
○ 基础结构。
○ 人员。
○ 流程。
○ 技术。

1.3.4　经营风险

战略是较高层次的概念。战略最终要被分解到经营层面。经营风险需要解决的是与更细小的目标相关的风险。细小的目标是大部分中层管理者和普通员工的工作基础。经营风险影响日常经营目标，每个主体都必须处理重要的任务，以协调主体的经营：

企业的经营风险管理主要致力于建立贯穿于整个组织的统一目标。[26]

跨国银行已经意识到经营风险管理的重要性，银行业监管委员会和国际结算银行也已经针对银行业的经营风险管理提供了指南。巴塞尔原则第一条就谈到了经营风险的重要性：

董事会应了解银行经营风险的主要方面，它是应该管理的一类特别风险。董事会还应改善和定期复核银行经营风险管理框架。[27]

1.3.5　风险图（财务、经营、项目和合规）

我们的模型需要增加的下一个因素，将涉及各种风险应如何分类的问题，因此会与组织看待世界的方式不谋而合。组织会面临众多种类的风险观念。我们将风险分为财务风险、经营风险、项目风险和合规风险。这样就可以绘图表述不同类型的风险是如何由上至下贯穿于整个组织之中的。COSO ERM 将风险分类如下：

在主体所建立的任务或远景规划中，管理当局负责建立战略目标，选择战略，并协调企业的各项目标。企业风险管理框架着眼于实现主体的目标，将风险分为如下四类：[28]

（1）战略风险——与高层次的目标相关，协调并支持主体的任务。

（2）经营风险——与主体利用资源的有效性和效率相关。

（3）报告风险——与主体报告的可靠性相关。

（4）合规风险——与主体符合适用的法律和法规相关。

风险图试图跟踪战略风险和经营风险对组织不同部分的影响模式。澳大利亚和新西兰的风险管理准则将风险影响企业各部分的方式描述为：

> 风险管理可被应用于组织的许多层面，包括战略层面、战术层面和经营层面。风险管理也可被应用于具体项目，帮助具体分部或者管理具体的、已确认的风险领域。在此过程中的每个阶段都应做些记录，以使决策被理解为持续改善过程的一部分。[29]

1.4 风险管理框架模型：阶段Ⅲ

我们的模型如图1—3所示。接下来，将描述该模型各个新的部分。

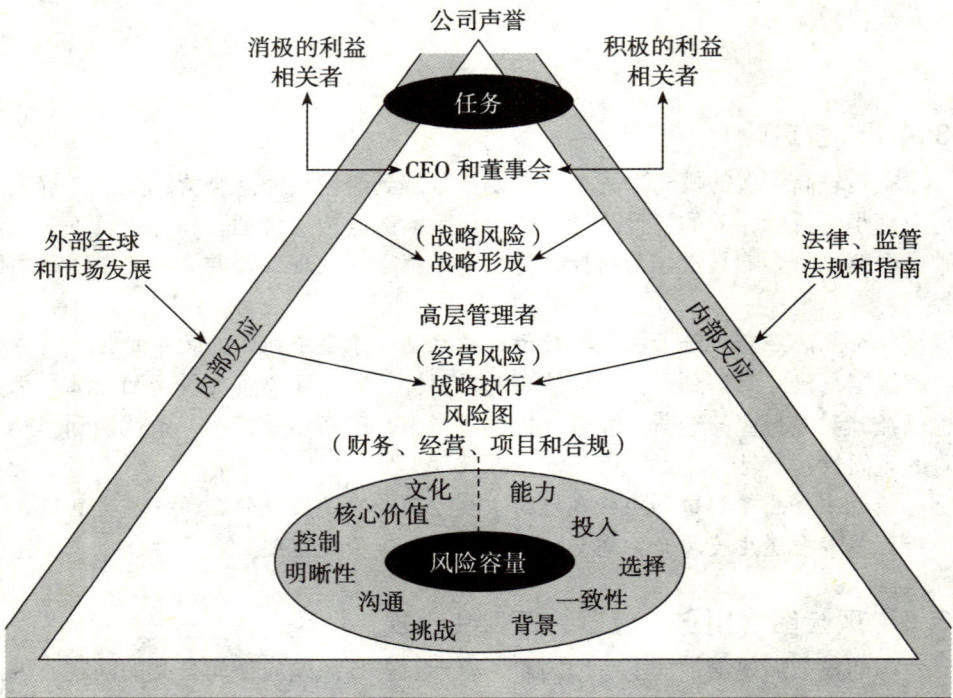

图1—3 风险管理框架模型：阶段Ⅲ

1.4.1 风险容量

接下来，模型中出现了风险容量的概念。在所有的风险管理框架中，风险容量都扮演着核心的角色。因此，将有单独的一章来专门讨论风险容量，请见本书第4章。在这里，我们要关注11个C，这些C对理解组织风险的形成方式来说很重要。在开始讲述11个C之前，我们需要澄清一点：在本质上，风险容量创建了组织同其利益相关者之间的非书面合约，该合约致力于寻求机会与保护声誉之间的平衡。如果管理人员太快地抓住起始的机会，则可能会在更长的时间里落后于他人；而如果太慢的话，则也可能会错失长期发展的机会。风险偏好的概念出现在许多风险准则之中。对于银行来说，风险偏好主要考虑：

> 银行应有政策、流程及程序来控制和（或）消除重大经营风险。银行应根据整体风险容量，定期复核其风险的局限性和控制战略，并运用恰当的战略来调整经营风险状况。[30]

1.4.2　能力（capability）

第一个 C 是指组织理解和管理其风险的能力。下面用一个短小的例子来说明这一点。

案例研究　　　　　　　　　　**缺乏胜任能力的成本**

在一个非营利组织中，没有风险管理系统，也没关于如何做出重大决策或如何批准计划的记录。事实上，提出问题的人，常被同事耻笑或忽略。公司文化的主要特点是糟糕的职责界定和缺乏明确的目标。支离破碎的团队提供着模糊的、界定不当的服务。为此，该组织痛苦了若干年。

1.4.3　投入（commitment）

下一个 C 是指人们接受风险管理概念的必要性（即来自上层的投入将围绕员工展开），正如下例所示。

案例研究　　　　　　　　　　**委员会层面的发起者**

在一个私营主体中，委员会层面 CRSA 的发起者应负责监督 CRSA 流程，以确保其既有效又富于挑战性。风险研讨会应设计良好，且 CRSA 在关键的经营部门得到了最有效的应用。该发起者必须对这些感到满意。另外，成功的标准被定义为：随着职员对经营过程和产品获得更多的所有权，职员的行为也会发生相应的变化。

1.4.4　选择（choice）

风险容量取决于，对企业成败有重大影响的问题我们到底如何取舍。事实上，风险容量与实施控制后所剩余的风险水平有关。决策应该以可接受的风险水平为基础，正如下文所述：

> 剩余风险是指管理当局已经识别并实施了风险应对之后所残余的风险。对于利益相关者和决策者而言，了解剩余风险的性质和范围是很重要的。因此，应当记录剩余风险，并定期进行监督和复核。[31]

1.4.5 一致性（consistency）

下一个 C 是指组织应使用与其风险管理相一致的方式来进行管理（即与人们日常工作的方式相符合）：

> 风险管理过程应该适合组织及其政策、流程和考虑复核过程的文化。[32]

1.4.6 背景（context）

风险容量不能脱离组织的经营背景，不能脱离组织处理客户及其他利益相关者的方式。建立良好的经营背景是建立良好风险容量的前提：

> 风险管理过程离不开沟通和咨询。风险管理过程的每一个步骤都应该考虑沟通和咨询。建立背景的重要方面是识别利益相关者及寻找并考虑他们的需要，然后才能形成沟通计划。该计划应该包括：具体的沟通目的，向谁咨询，由谁咨询，何时以及如何咨询，如何评价咨询。[33]

1.4.7 挑战（challenge）

风险管理不应导致过分防守的心态，即对经营产生微弱影响的多种风险持杞人忧天的态度。风险管理意味着，应对员工授权以使其对优先考虑的事情负责，并授权其来决定最终什么会做得最好，正如下例所示。

案例研究　　　　　　　　　　　　风险管理的挑战

在一家商业企业，风险管理被看做是确保每个分部脱离总部控制、获取一定程度自治的机会。每个分部只要采用了基本的控制和合规系统，就可以在进行了正式的风险评估后自由发挥地方的主动性。管理者在进行风险评估时，在有些情况下会使用团队方法，而在有些情况下则会使用基本的复核或分析性调查等方法。对于以团队为基础的 CRSA 风险研讨会来说，其每次的持续时间通常不超过一小时。内部审计师应帮助这些分部管理者了解并达到上述既定标准，内部审计师还应复核分部管理者的工作。CRO 在已同管理者进行常规沟通的基础上，还应编制风险图和详细的登记簿。真正好的管理者会执行良好，而糟糕的管理者则坚持不了多久。中间层则会从 CRO 和首席内部审计师那里获得大量的支持，以理解其所要面对的风险。

1.4.8 沟通（communication）

只有当组织中的成员已相互了解并了解其所拥有的权力时，才能理解公司的风险容量。如果委员会对什么是可接受的行为有自己的看法，则有必要为利益相关者和雇员形象地描绘出来，以支持对风险容量的一致理解：

组织与其外部利益相关者的沟通，将允许组织结合社会利益来发展，并在互信的基础上与之建立关系。[34]

1.4.9 明晰性（clarity）

明晰的目标、明确的受托责任、清晰的风险触发器等都支持风险被察觉和应对的方式。为了搞清楚风险所有者和风险容量，我们需要审查受托责任设定和应用的方式，这正如下例所示。

案例研究　　　　　　　　做家庭作业

在一家国有房地产公司，界定各分支机构基于总部客户管理和项目谈判的政策的授权水平，花费了其大量的时间。事实上，在建立有效的风险管理系统之前，这是非常必要的。

1.4.10 控制（control）

在确定风险容量时，控制是一个重要的考虑因素。应针对高水平的固有风险设置控制，从而将该风险降低到可接受的水平。对经营进行控制的程度则取决于组织所设定的可接受风险。越是冒险地去提高市场份额，就会越少地强调固定控制。时至今日，控制已变得越来越灵活、有机，越来越能充分地应对变化的风险。控制被定义如下：

管理当局、委员会和其他方所采取的行动，旨在管理风险和增加已建立目标实现的可能性。管理当局应计划、组织、指导已准备充分的行动，以合理保证目标的实现。[35]

控制是对风险做出的应对。在决定应用控制时，COSO ERM 建议应考虑如下问题：[36]

- 针对风险的发生概率及影响，所可能采取的应对措施的效果，以及哪些应对措施会与企业的风险容限相协调。
- 可能导致的成本与收益。
- 除了处理具体风险之外，实现主体目标的可能性。

1.4.11 核心价值（core values）

风险容量应紧紧围绕公司价值。在我们决定什么是可接受的工作方式时，需要进行价值判断。可接受性是指恰当性（如在一定情况下什么比较适合）。组织花费大量时间和努力来界定核心价值，就会有更好的机会来明确风险容量：

要想最有效，应将风险管理视为组织文化的一部分。风险管理应植根于组织的哲学、实务和经营过程，而不是以一种单独活动的方式被复核或实践。如果实现了这一点，则组织中的每个成员都将参与到风险管理中来。[37]

1.4.12 文化 (culture)

风险容量模型的下一部分是前文已提及的文化。许多评论家将治理看做对受业绩驱动的成功标准和以遵循为标准的限制（如以正确、恰当的方式提供商品）的满足。而两者之间的平衡则会受公司所处文化类型的影响。公司文化包括原始的规则、教诲等用以规范员工的态度：

> 风险的根源包括组织文化层面上的问题，如根深蒂固的流程、实践或典范，这些都需要在发生（和再发生）风险时，由成功处理风险转变而来。只有在这些层面做了转变之后，才能成功地处理因组织文化而产生的风险源。[38]

公司文化对风险识别和处理有着广泛的影响，其重要性如下例所示：

案例研究　　　　　　　　　　在公司文化中工作

在一家上市公司，其所实施的风险管理并不使用风险、控制、风险管理等术语。该公司进行风险管理的推动力正是基于更好的经营，其重点是获得更好的成果和打造能够进行积极管理的、更负责任的团队。其在决策时应用了风险的概念，且其应用方式适合人们开展工作和进行互相沟通。针对主要问题，该公司也是围绕着如何进行学习和改善，并在应用风险评估时也牢记了这一点（如主要是由最近的失误造成的，以及如何在未来避免其再度发生）。

1.5　风险管理框架模型：阶段Ⅳ

我们的模型进行到图1—4。接下来，将描述该模型的各个部分。

1.5.1　高级管理者

在绝大部分组织中，对公司目标能否实现产生最大影响的是管理当局。高级管理者如果不全心全意地接受风险管理的概念，则无法系统地分析风险，以引导企业绕过不稳定区域。这一点也出现在澳大利亚和新西兰的准则之中：

> 董事和高级执行官应对组织的风险管理完全负责。所有的人员也都应对各自接管的控制领域负责。这有助于：[39]
>
> ● 明确管理具体或某类别风险的责任，明确实施战略处理和保持风险控制的责任。
>
> ● 建立业绩计量和报告过程，确保恰当水平的确认、报酬、批准和惩戒。

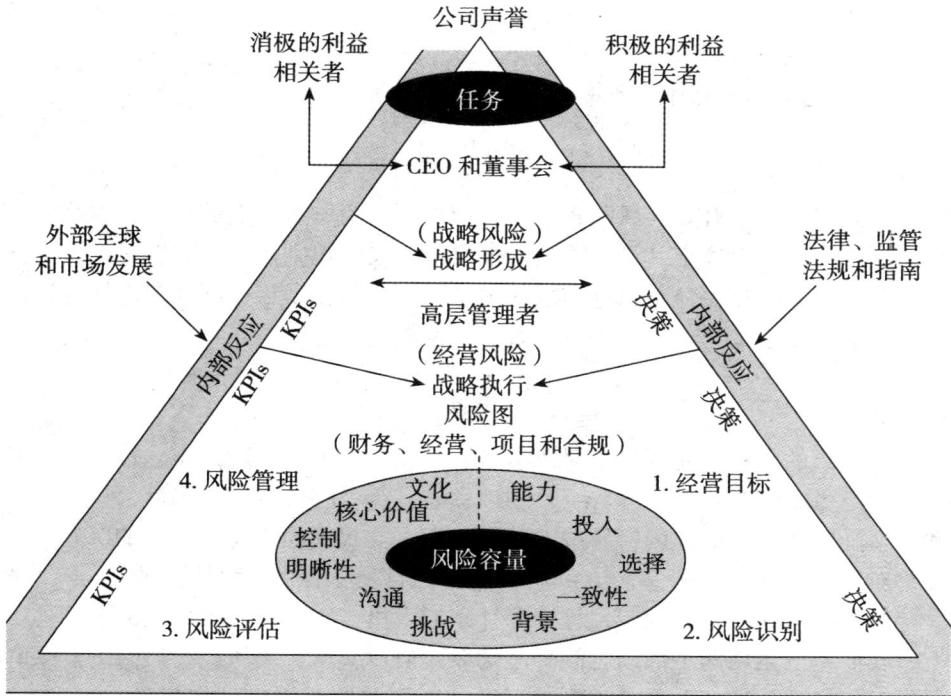

图1—4 风险管理框架模型：阶段Ⅳ

1.5.2 经营目标

所有的风险管理框架都将目标作为核心组成部分。这是一个关键点。风险在各类组织中都是一个比较模糊的概念，经常与灾难和意外（如意外出现的事情，基本上是不可控的）联系在一起。从这个意义上讲，风险是我们只能默默忍受的一些东西，而不是如我们所建议的那样可以对其进行预测和管理。其实，我们可以将风险看做影响目标实现的任何事情，并将其看作是潜在可控的，或者至少是潜在可降低的，以鼓励人们对其工作负责。IIA 就使用 ERM 可以促进目标的实现方面写道：

> 在帮助组织管理风险，以实现组织的目标方面，ERM 做出了重大的贡献。其优点有：[40]

- 实现目标的可能性更大。
- 在董事会层面的联合报告中不可相提并论的风险。
- 改善对关键风险及其广泛含义的理解。
- 识别和分担交叉经营风险。
- 对真正紧要的问题给予更多的管理。
- 减少意外或危机。
- 组织内部更加关注以正确的方式做正确的事。

- 提高改革措施实现的可能性。
- 具有为获得更高报酬而承担更高风险的能力。
- 更有见识地冒险和决策。

1.5.3   风险识别

一旦意识到需要有效的风险管理，就应立即分离所有可能的风险。然后，我们要权衡各项风险，以确定其是否重大。事实上，风险识别是个过程，我们应在此过程中抓住所有影响相关经营目标实现的风险。我们的模型将这项任务看做促进组织良好运作的重要步骤。下面的小例子有助于说明这一点。

案例研究   始终对风险保持敏感

某个分部的目标是使其员工对风险持有敏感的态度。风险的概念被纳入到会议之中，于是员工们开始思考并着手计划以预防其行动将产生的各种后果。员工们被告知不接受因其他方的原因所导致的问题，而是要找出他们需要解决的问题，并将其交给对此负责的人。例如，员工短缺应由拟订员工限额和考勤计划的人员来负责。此问题的出现大部分源于拟订资源计划的人员与一线管理者之间缺乏沟通。事实上，我们可以运用两个部门之间开展的风险研讨会来分离风险、风险的后果和将来的局面。现在，这个办法已被广泛用于解决影响服务提供的接口型（interface - based）问题。

COSO ERM 使用事项的概念来推动风险管理循环的风险识别阶段：

事项是指源于内部或外部且影响战略实施或目标实现的事故或事件。事项可能会产生积极或消极的影响，或者两者兼而有之。[41]

1.5.4   风险评估

接下来，模型评估所识别的风险对组织目标的实现能力有着潜在的影响。最流行的评估风险的方法即是判断风险可能发生的程度。评估结果通常会被绘成图表，且该图表有两根轴，如果风险落在最右边顶角的位置（如图 1—5 所示），则会对目标有较大的影响，并且很可能发生（除非妥善管理）。在澳大利亚和新西兰的准则中，将风险定义为：

对实现目标产生影响的事项发生的可能性：[42]

- 风险往往被具体化为其可能产生的事项或环境。
- 风险通常由事项的后果及其可能性来计量。
- 风险可能具有积极或消极的影响。

1.5.5   风险管理

在进行风险评估之后，我们又在此模型中加入了风险管理，即决定采取什么步

影响	高	分担	降低	降低	回避
	中等2		降低	降低	降低
	中等1	探索？	接受	降低	降低
	低	探索？	探索？		?????
		低	中等1	中等2	高
			可能性		

图1—5 风险管理应对

骤来处理已引起关注的事项（即重大且可能发生的风险）。COSO ERM 主张应用良好的风险管理：

近些年来，风险管理得到高度关注和重视。因此，需要一个稳健的框架来有效地识别、评估和管理风险。这一点已越来越清晰。[43]

针对不同类型和水平的风险，我们可以做出多种可能的应对，COSO ERM 中的备选方案包括：[44]

- 回避。
- 降低。
- 分担。
- 承受。

风险回避和风险降低通常会伴随着具有高影响、高可能性的风险；风险分担则伴随着具有高影响、低可能性的风险；而风险承受却伴随着具有低影响、低可能性的风险，或者具有高控制成本的风险。使用 COSO ERM 风险应对分类，我们可以设置影响/可能性的图标，并查找适合回避、降低、分担、承受的恰当战略。

进一步的风险应对已经被加入到图1—5之中。在左手边的底角处，影响和可能性都较低。此区域被标示为"开发利用"，即鼓励某些经营业务多作为、多创新，因为其经营风险远低于公司的风险容量。

1.5.6 KPIs

如前所述，我们已经使用风险管理来达成行动计划，以改善控制，或者完善计划和执行工作的方式。但是，我们有必要对这些方法加以综合。接下来，我们要将业绩指标加入已进行风险评估的行动计划，从而使模型变得更加丰富。公司是有生命的，这意味着只有建立真正有利于实现个人或团队业绩的目标，才会获得经营增长所需的真正的行动力。设定目标时我们应当考虑：

> 良好的积极实践即是设定较为现实的目标。这既可以降低反作用的压力，又可以减少舞弊报告的动机。[45]

在伴随主指南的应用技术指南中，COSO ERM 列示了组织在决定支持业绩的信息要求时应考虑的 12 项问题：[46]

- 企业的关键业绩指标是什么？
- 用于提供从高到低的潜在风险的关键风险指标是什么？
- 需要监督的业绩衡量标准是什么？
- 衡量业绩需要哪些数据？
- 需要何种水平的信息间隔？
- 信息收集的频率如何？
- 需要何种水平的准确性或严格性？
- 收集数据的标准是什么？
- 在何处以及如何获取数据？
- 哪些数据/信息由现有的流程所提供？
- 数据库的结构如何？
- 需要什么样的数据恢复机制？

1.5.7 披露

接下来，模型需转入组织的正式披露。关于受托责任，该披露义务应是透明的，这一点在澳大利亚和新西兰的准则中均有所提及：

> 良好的风险管理不仅有助于良好的治理，并且可以在出现负面结果时提供对董事会和办事人员的保护。倘若已经根据准则所设定的程序进行风险管理，则可以在如下两个层面提供保护。第一，负面结果不会像原本那么严重；第二，这些负责人员可以辩护说，他们已经做了恰当水平的努力。[47]

最近几年，美国的受托责任制度是以书面证明的方式出现的，IIA 将之描述为：

> 所有金融市场的实力都依赖于投资者的信心。公司执行官、独立审计师和其他市场参与者故意错报的事件都会破坏投资者的信心。作为对这种威胁的应对，美国国会以及其他国家越来越多的立法机构和监管机构，都通过法律法规来影响公司披露和财务报告。特别是，美国 2002 年出台的《萨班斯—奥克斯利法案》对此进行了全面改革，要求主要的执行官和财务官做额外的财务报表披露和证明。[48]

1.6　风险管理框架模型：阶段 V

我们的完整模型如图 1—6 所示。接下来，将描述模型的各个部分。

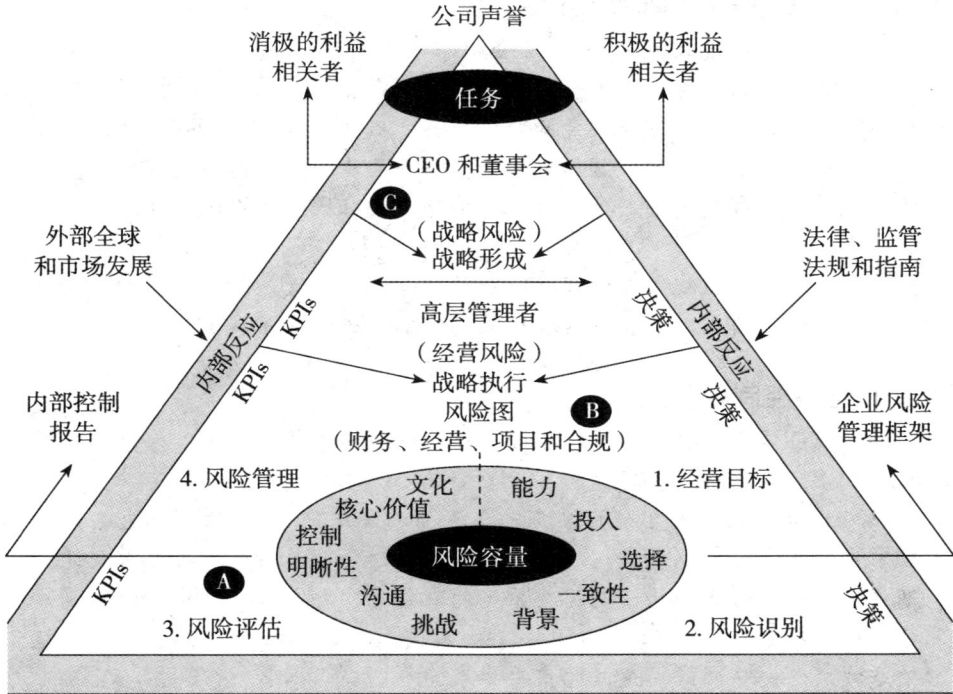

图 1—6　风险管理框架模型：阶段 V

1.6.1　企业风险管理框架

模型的主要方面为 ERM 框架，该框架包含我们已描述的有关该模型的全部问题。ERM 被描述为包含以下活动：[49]

- 说明和沟通组织的目标。
- 决定组织的风险容量。
- 建立恰当的内部控制环境，包括风险管理框架。
- 识别影响目标实现的潜在威胁。
- 评估风险（如威胁发生的影响和可能性）。
- 选择和实施对风险的应对。
- 采取控制和其他应对活动。
- 在组织的所有层面一致地沟通关于风险的信息。
- 集中监管和协调风险管理过程、结果，并确保风险管理的有效性。

良好的 ERM 即意味着组织能在遵守外部法规的同时，还能更好地实现其目标。

ERM 应可以应对因不确定性的环境而产生的各种问题。这关乎强大但很敏感的持续经营问题。联邦裁决指南也提出要求：良好的风险管理是一个确保合规和可靠决策过程的系统。只要组织需要实现其目标，并且存在与实现目标相关的风险，则 ERM 就是其重要的经营工具。不要害怕风险，也不要小看风险，应当在这两个极端之间保持平衡，这可以被解释为：

> 如果日常可能发生的各项风险都——并不考虑经营寿命——能被识别、预测、评估和管理，则我们的生活将变得相当容易。但这是不可能做到的，这只是一个不可能实现的梦。然而，确实有大量的企业家年复一年地从事着资本运作，将风险转化为优势——至少大部分时间是这样的。[50]

要注意的是，我们需要一个框架来弄清楚风险和风险管理的实质。风险框架被描述为：

> 组织的管理系统中与管理风险有关的一系列要素。管理系统的要素包括战略计划、决策以及其他处理风险的战略、过程和实践。[51]

1.6.2　内部控制报告

我们的模型认为 CEO 的内部控制报告与组织所应用的 ERM 过程是相关的。而且，COSO ERM 始于内部控制这样一个背景：

> 2002 年美国颁布了《萨班斯—奥克斯利法案》，类似的法律也在其他国家生效或者被加以考虑。该法律扩展了公众公司维持内部控制系统的长期立场，要求管理当局证明这些系统的有效性，并要求独立审计师鉴证这些系统的有效性。《内部控制——整合框架》正在接受时间的检验，该框架是被广泛接受的、满足这些报告要求的准则。[52]

上述推理是直截了当的。风险是目标实现过程中的不确定性因素。风险威胁着组织实现其目标的能力，而控制则有助于降低风险。良好的 ERM 过程应包括良好的内部控制系统，也包括因风险类型、影响或可能性方面的变化而需要更新控制的机制。此外，证券交易委员会对上市公司内部控制的检查，均从所运作的风险管理系统开始。不率先建立有效的 ERM 过程，就无法建立良好的内部控制系统。这也是我们模型的底线。

1.6.3　监控

整个风险管理过程应保持时刻更新和长久的活力。因此，必须对风险管理过程进行审核，以确保其依旧按照原计划进行工作。这个最重要的审核被描述如下：

> 持续的审核对于确保管理计划依然相关是非常重要的。影响可能性及后果的因素可能会发生改变，影响选择的适当性或成本的因素也在变。因此，经常重复风险管理循环是必要的。[53]

1.6.4　验证

我们首个风险管理模型的另一个方面是，如果必要的话，风险活动应以一种可以被验证的方式来进行。这意味着应保持良好的记录。验证则可以使董事会能够设定任务，并使可以验证的风险管理过程得以落实。相应地，董事会已就其风险管理政策发表了几项有力的声明，具体包括如下方面：[54]

- 管理风险所使用的过程。
- 管理具体风险的受托责任。
- 支持性的细节和可获得的专家，以帮助这些负责管理风险的人。
- 关于如何计量和报告风险管理业绩的陈述。
- 定期复核风险管理系统的承诺。
- 董事和组织的执行官遵守政策的声明。

要谨慎使用正式记录和验证。应当正确处理其可能对雇员产生的影响。记录非常重要，但对于其的使用事说有如下警告：

> 对沟通和咨询的记录依赖于活动的规模和敏感性等因素。[55]

1.6.5　改良

必须将风险管理设置在一个学习的环境里才会有用。因此，我们的模型还要包括提供持续的过程改良，从而以有意义的方式来捕捉真正的风险。对此，澳大利亚和新西兰的准则做出了最有益的建议：[56]

> 意外、事故和成功都提供了监测和复核风险及其应对的有用案例。研究这些案例可获得如何改善风险管理过程的启示。其意图是采用系统的过程来复核成功、失败和险些失败的原因，以吸取有用的教训。最好是运用系统分析过程。在分析成功和失败时，应回答如下问题：
>
> - 我们以前是否已经识别和分析所涉及的风险？
> - 在进行风险识别时，我们识别真正的原因了吗？
> - 我们对风险和控制的分级和评估正确吗？
> - 是否按照原计划进行控制？
> - 应对计划有效吗？
> - 如果应对计划无效，该做哪些改善？
> - 我们的监测和复核过程有效吗？
> - 我们的风险管理过程总体上该如何改善？
> - 哪些人需要知道这些知识？我们应如何传播这些知识，以确保该学习是最有效的？
> - 为了确保失败的事项不再发生，而成功的事项却可以重复发生，我们需要做些什么？

1.6.6　持续整合

模型的最后部分是要将风险管理整合到实际的经营系统和工作方法中。企业要对风险做出应对，而这是通过将威胁和机会结合到其工作方式之中来完成的：

管理当局寻求组织、员工、过程和基础设施之间的协调，以利于成功的战略实施，并使主体维持其风险容量。[57]

1.7　小结

现在，风险管理已经成为主流公司日常工作的一部分。它涉及所有类型的组织，并触及组织的所有方面。我们可以遵循如下五个步骤来考虑风险管理：

（1）以最广泛的形式考虑风险管理，即绝大部分人所说的企业风险管理（或者企业范围的风险管理）。

（2）协调 ERM 与治理框架。治理框架包括利益相关者的影响和组织的声誉。

（3）在企业的管理当局中，通过战略建立和战略实施来理解和应对风险。

（4）在 ERM 所设定的框架和组织的管理架构内，建立经营风险循环。该循环包括经营目标、风险识别、风险评估和风险管理。

（5）在前述四项的基础上，添加 ERM 框架和内部控制报告，以确保能够正式记录这两项并向利益相关者报告。

请注意，附录 A 所包含的检查表可以用来评估 ERM 系统的整体质量，也可以用来判断支持和审核 ERM 过程的审计方法类型。

注释

1. Institute of Internal Auditors, UK & Ireland, Position Statement 2004, *The Role of Internal Audit in Enterprise-Wide Risk Management*, Conclusion.

2. Institute of Internal Auditors, definition of *internal auditing*.

3. Institute of Internal Auditors, *www. theiia. org*, October 2004.

4. Institute of Internal Auditors, Glossary of Terms.

5. Institute of Internal Auditors, Glossary of Terms（IIA, UK & Ireland）.

6. Committee of Sponsoring Organizations, *Enterprise Risk Management*, September 2004, Forward to the Executive Summary.

7. *Ibid.*, p. 13.

8. Institute of Internal Auditors, Glossary of Terms.

9. Committee of Sponsoring Organizations, *Enterprise Risk Management*, September 2004, Foreword to the Executive Summary.

10. Walmart company, *www. walmart. com*, Letter from the Chairman of the Board, October 2004.

11. Ford company, *www. ford. com*, October 2004.

12. *Ibid.*

13. OECD Principles of Corporate Governance, "Organization for Economic Co-

Operation and Development" (2004), p. 50.

14. Australian/New Zealand Standard: Risk Management Guidelines AS/NZS 4360: 2004, p. 30.

15. Institute of Internal Auditors, Glossary of Terms.

16. Sharron Watkins, interviewed by Nancy Hala, "If Capitalists Were Angels," *The Internal Auditor* (April 2003): 38 –43.

17. Committee of Sponsoring Organizations, *Enterprise Risk Management*, September 2004, Foreword to the Executive Summary, p. 83.

18. Californian Employees' Retirement System, *www. calpers. ca. gov*, October 2004.

19. Committee of Sponsoring Organizations, *Enterprise Risk Management*, September e2004, Foreword to the Executive Summary, p. 85.

20. BASEL Committee on Banking Supervision, Bank for International Settlement, February 2003, Principle 3.

21. Australian/New Zealand Standard: Risk Management Guidelines AS/NZS 4360: 2004, p. 6.

22. *Ibid.*, p. 11.

23. *Ibid.*, Foreword.

24. Committee of Sponsoring Organizations, *Enterprise Risk Management*, September 2004, Foreword to the Executive Summary, pp. 14 –15.

25. *Ibid.*, p. 42.

26. *Ibid.*, p. 39.

27. BASEL Committee on Banking Supervision, Bank for International Settlement, February 2003, Principle 1.

28. Committee of Sponsoring Organizations, *Enterprise Risk Management*, September 2004, Executive Summary.

29. Australian/New Zealand Standard: Risk Management Guidelines AS/NZS 4360: 2004, p. 8.

30. BASEL Committee on Banking Supervision, Bank for International Settlement, February 2003, Principle 6.

31. Australian/New Zealand Standard: Risk Management Guidelines AS/NZS 4360: 2004, p. 86.

32. *Ibid.*, p. 27.

33. *Ibid.*, p. 21.

34. *Ibid.*, p. 23.

35. Institute of Internal Auditors, Glossary of Terms.

36. Committee of Sponsoring Organizations, *Enterprise Risk Management*, September 2004, Foreword to the Executive Summary, p. 56.

37. Australian/New Zealand Standard: Risk Management Guidelines AS/NZS 4360: 2004, Foreword.

38. *Ibid.* , p. 74.

39. *Ibid.* , p. 27.

40. Institute of Internal Auditors, UK & Ireland, Position Statement 2004, *The Role of Internal Audit in Enterprise-Wide Risk Management*, Conclusion.

41. Committee of Sponsoring Organizations, *Enterprise Risk Management*, September 2004, Foreword to the Executive Summary.

42. Australian/New Zealand Standard: Risk Management Guidelines AS/NZS 4360: 2004, p. 4.

43. Committee of Sponsoring Organizations, *Enterprise Risk Management*, September 2004, Foreword to the Executive Summary.

44. *Ibid.* , p. 55.

45. *Ibid.* , p. 30.

46. *Ibid.* , p. 75.

47. Australian/New Zealand Standard: Risk Management Guidelines AS/NZS 4360: 2004, p. 11.

48. Institute of Internal Auditors, Practice Advisory 2120. A1 – 3.

49. Institute of Internal Auditors, UK & Ireland, Position Statement 2004, *The Role of Internal Audit in Enterprise-Wide Risk Management*, Conclusion.

50. Neil Cowan, *Corporate Governance That Works* (Prentice Hall, Pearson Education South Asia Pte Ltd. , 2004), p. 37.

51. Australian/New Zealand Standard: Risk Management Guidelines AS/NZS 4360: 2004, p. 5.

52. Committee of Sponsoring Organizations, *Enterprise Risk Management*, September 2004, Foreword to the Executive Summary.

53. Australian/New Zealand Standard: Risk Management Guidelines AS/NZS 4360: 2004, p. 22.

54. *Ibid.* , p. 27.

55. *Ibid.* (extracts only), p. 11.

56. *Ibid.* , p. 93.

57. Committee of Sponsoring Organizations, *Enterprise Risk Management*, September 2004, Foreword to the Executive Summary, p. 40.

第2章　确定风险管理成熟度

内部审计师应从此前负责的评价具体经营中解脱出来。如果内部审计师仍对其以前年度所负责的活动提供鉴证服务，则被认为损害了客观性。

IIA 准则 1130. A1

2.1　引言

我们有必要弄清审计在风险管理中的角色，这并不像其看上去那样简单。事实上，对审计角色有着各种不同的解释。在通常情况下，组织会努力使风险管理生效并加以运作，而内部和外部审计都会对该努力的成效产生潜在的影响。这种审计植入可以被进一步解释为：

> 内部审计是组织的一项职能，是由高层管理者建立的，旨在监督组织的风险管理和控制过程。通过复核关键的控制系统和风险管理过程，内部审计师能对组织的管理发挥重要的辅助作用。[1]

在实务中，审计师的职能包括：

- 成为风险的倡导者。
- 提供教育和指南。
- 提供正式的建议，以加强以风险为基础的控制。
- 研究中心和最佳实践中心。
- 协调组织内的风险管理工作。
- 对风险管理的状态提供客观的鉴证。
- 在具体审计过程中和审计过后，定期披露经营风险的水平。
- 驾驭变化的程序以应对抵抗者，并帮助推动对风险保持敏感的实践。
- 促进整个企业的风险研讨会计划。
- 建立适当的准则和实践工具。

大部分已公布的指南都明确指出，内部审计师不对风险管理负责，但这还不够——审计师应该对某种类型的艰巨任务（如使良好的风险管理生效）负责。事实上，审计师同以风险为基础的活动有着历史渊源，这一点正如下面的解释：

> 内部审计师从其职业的最早期就开始从事风险评估，这是毫无疑问的。内部审计师常常会问："怎么会出错？"对潜在错误的识别和（或）不规律性的认识，都要求鉴定应采取相应的控制程序。毕竟，如果没有风险，又何须控制？关于某些控制是否有效或者正确，如果没有风险识别和

评估，审计师又如何才能决定呢？[2]

为了讨论审计师在风险管理中的职能，我们需要再来温习一下内部审计的定义：

> 内部审计是一项独立客观的鉴证和咨询活动，旨在增加价值和改善组织的经营状况。它通过应用系统的、受过训练的方法，来评价和改善风险管理、控制及治理过程的效果，以帮助组织实现其目标。[3]

该定义的精髓即在于，审计要评价和改善风险管理过程。评价使审计师能够对管理做出正式的鉴证。鉴证服务的定义如下：

> 鉴证服务是指内部审计师客观地评价证据，以提供关于过程、系统或其他主体的独立意见或结论。鉴证服务的性质和范围由内部审计师来决定。鉴证服务通常涉及如下三方：（1）直接参与过程、系统或其他主体的人或团体——过程的所有者；（2）做评估的人或团体——内部审计师；（3）使用评估结果的人或团体——使用者。[4]

作为对比，咨询服务被描述如下：

> 咨询服务是咨询性质的，一般会根据签约客户的特殊要求来完成。咨询业务的性质和范围应遵照已同客户签约的合同。咨询服务一般涉及如下两方：（1）提供咨询的人或团队——内部审计师；（2）寻求和获取咨询的人或团队——签约客户。执行咨询服务时，内部审计师应保持客观性，但不承担管理责任。[5]

审计师的角色，处在如下两个层面之间：一是为董事会、审计委员会和高级管理者鉴证风险管理的状态；二是为企业管理当局提供咨询，以帮助其适当改善管理现状。这也暗示着，审计师的职能更多地取决于组织建立良好风险管理的状态，正如下文所述：

> 内部审计师可提供咨询服务，以改善组织的治理、风险管理和控制过程。内部审计师提供 ERM 咨询的程度取决于董事会可获取的来自内、外部的其他资源，也取决于组织的风险成熟度及其随时间而发生变动的可能性。内部审计师在考虑风险、理解风险与治理的关系、促进风险管理便利化方面是专家。这也就意味着其有资格成为 ERM 的倡导者，甚至是项目经理，特别是在引入 ERM 的早期阶段。[6]

本章所应用的模型正是建立在风险成熟度主题的基础之上。

2.2 风险管理成熟度模型：阶段 I

审计师在风险管理中的职能取决于在需要进行评估和改善时，什么会导致增值最多。而这又更多地依赖于组织中的风险状况及其根植于工作方式的程度。我们第一个模型的起点是组织实施风险管理的程度，如图 2—1 所示。

每个组织都需要设置一套标杆，以使其良好的风险管理生效。接下来，我们可

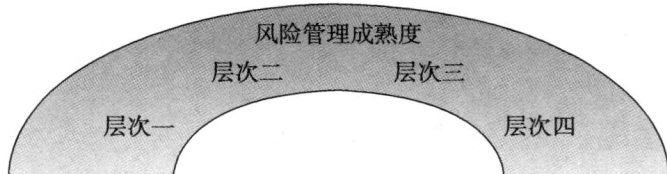

图 2—1　风险管理成熟度模型：阶段 I

以设置不同水平的风险成熟度，然后再具体计划每个层次的进程。COSO 认为组织处于风险管理成熟度的不同阶段：

> 如果人们能较好地形成、理解并接受风险管理的原理，那么组织就可以有效地确认和管理风险；否则，企业风险管理在业务单元、职能部门或分部的应用将会出现令人无法接受的失衡状态。[7]

在我们的模型中，我们提出了四个主要的层次，本章稍后将加以解释。IIA 指出风险管理状态的重要性：

> 如果组织并没有建立风险管理过程，则内部审计师应提请管理当局注意，并建议建立该过程。关于审计活动在风险管理过程中的职责，内部审计师应寻求管理当局和董事会的指导。审计活动和审计委员会的章程中应明确记录风险管理过程中的各项职责。[8]

审计师的职能反映了风险管理的成熟度。审计师需要采取行动来开始该过程。IIA 指南解释其是这样发生的：

> 如果提出请求，内部审计师能在帮助组织开始建立风险管理过程时即发挥主动的作用。内部审计师通过咨询的方式来改善主要过程，以补充传统的鉴证活动，这使得内部审计师扮演着更加主动的角色。如果这样的辅助活动超出了内部审计师正常的鉴证和咨询活动，将损害其独立性。在这种情况下，内部审计师应遵循《国际内部审计执业准则》的披露要求。[9]

审计师将接受一个最适合所处环境的角色，这就是事实。审计师所扮演的角色将在下面的范围内变动：[10]

- 没有角色。
- 作为内部审计计划的一部分，审计风险管理过程。
- 在风险管理过程中，提供积极的、持续的支持并参与，例如参加监管委员会、监控活动和编写状态报告等。
- 管理和协调风险管理过程。

可以运用多种方式，来评估组织在建立风险管理方面所取得的进展。其中，Basil Orsini 所描述的一个诊断工具包含渐进成熟的组织行为的五个层次。事实上，我们可以运用五项业绩指标来衡量风险成熟度的不同水平：[11]

- 组织文化。
- 领导和责任。
- 与部门管理实践及系统的整合。

- 风险管理能力。
- 报告和控制。

2.3　风险管理成熟度模型：阶段Ⅱ

我们的模型如图2—2所示。对该模型各个新的方面的描述如下。

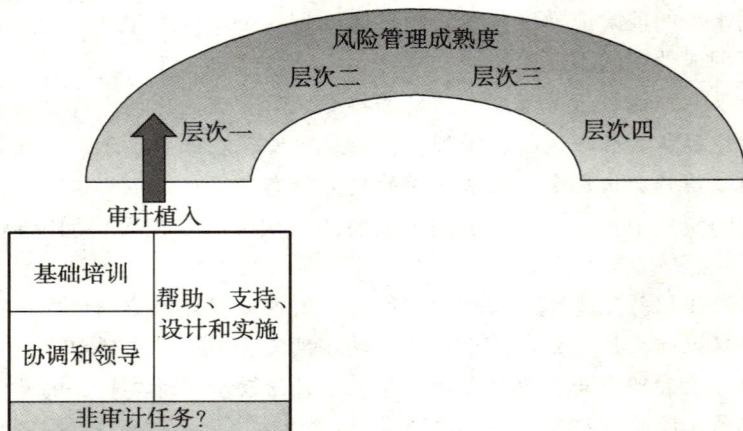

图2—2　风险管理成熟度模型：阶段Ⅱ

2.3.1　审计植入

先看我们模型的层次一（表现为风险不成熟），此时的审计植入可被定义为帮助开始风险管理过程。建立早期的审计职责时，有很大的灵活性，并且同董事会和审计委员会协商也是非常重要的。因此，需要审计章程来陈述这一职责，以明确期望。审计章程是建立内部审计职责的重要文件，其定义是：

　　内部审计活动章程是正式的书面文书，用以明确内部审计活动的目的、权利和责任。该章程应说明：（a）建立内部审计活动在组织中的地位；（b）授权接触与执行业务相关的记录、人员、实物财产；（c）界定内部审计活动的范围。[12]

审计师所扮演的角色会随着风险成熟度的变化而发生变化，审计章程也需要随时更新，以反映这些变化。专业指南探讨了风险成熟度的概念：

　　随着组织风险成熟度的增加，以及企业日益将风险管理纳入其经营范围之中，内部审计师在 ERM 中的倡导职责降低了。类似地，如果组织雇用风险管理专家或职能部门，则内部审计师可能会通过专注于其鉴证职责来提供更多的价值，而进行咨询活动所提供的价值将会有所下降。但是，如果内部审计师尚未采纳以核心鉴证活动所代表的风险为基础的方法，则不可能有能力来进行咨询活动。[13]

2.3.2　基础培训

在风险成熟度的初期阶段，我们的模型即已提出：初始的内部审计职责可以被划分为四个要点。第一个要点为基础培训。IIA 将培训职责明确为：

总之，内部审计师应能就风险管理过程进行培训，但其不对所识别的风险进行管理或负责管理。[14]

在这里，内部审计师将帮助风险管理易于在过程层面上逐步发展。内部审计师还会从事具体的风险研讨会培训。下面的例子说明了采纳和完善培训事项的方式。

案例研究　　　　　　　　　　**风险教育**

政府组织过去通常会在每个月内召开数十个风险研讨会，而现在只需召开几个风险研讨会即可更新所要求的风险简述。最初，职员需要接受大量关于风险管理方法和工具的培训。然而，随着组织在实施风险管理方面的日益成熟，这种培训将成为新职员的入职培训程序。

如果审计师执行培训职责，则我们将会改变对审计技能的描述。为了完成此项新职责，有必要保证审计师可以采用风险研讨会的方式来组织培训，以促使风险管理被纳入经营的各个部分之中。在此过程中，审计师需承担消极或积极的培训职责。消极的培训是指，提出风险管理的构想及支援服务，然后让每个小组开展工作识别、风险评估、之后再复核风险管理的方式。各小组可以指定一个风险研讨会领导者，并决定何时以及如何来实施风险研讨会计划和评估。积极的培训则是指审计师会更多地参与制定一种手册，并引导各小组采用一套既定的方法来完成风险管理循环。在实施内部审计师的培训职责之前，必须注意以下几点：

- 培训是个广泛的概念，是指帮助组织中的人们逐步掌握风险管理。
- 小组研讨会需要良好的计划和资源配置。
- 小组中的角色包括组织者、研讨会的领导者、记录者以及其他人等。这些人可以解释风险政策以及风险研讨会是如何适应控制设计和正式披露的。
- 如果审计师接受上述全部或者部分角色，那么好的做法是允许工作组在适当的时候凭借自己的力量逐步完成这些任务；否则，小组无法正确建立，也无法对其工作负责。事实上，小组的工作包括管理风险。
- 培训事项应具有主题，且该主题应建立在一系列推动力的基础之上，如较强的动力、良好的参与、良好的团队合作、开放的沟通、管理上的支持、以产出为基础的行动计划等。
- 应使某些类型的准则生效，以确保研讨会的内容已被记录，并导致生成可靠的风险登记簿和内部控制披露报告。

培训并不一定要以研讨会为中心，但以其为中心可以使人们了解和应对影响经营目标的风险，正如下面的例子所示。

案例研究   **采取控制**

应使人们意识到其对自己工作的诸多方面均可以进行控制，而不是感觉自己像只被困在汽车内的小鹿，出现问题时才亮前灯。这是成功进行初步行动的基础。另外，还应督促工作组解决需优先考虑的问题。需要企业不同部门共同关注的高风险领域，应将其标记为"重要"，并应采取行动将其完成。

2.3.3　协调和领导

模型所建议的第二个职责即是协调和领导。在这里，审计师会成为风险的倡导者。这个很费神的角色，被定义为：

　　　　支持和拥护某个人或某个理想的人。因此，风险管理的倡导者将发挥其长处，教导组织的管理者和员工采取必要的行动，并在其采取这些行动时给予鼓励和支持。[15]

当风险管理在组织中尚未成熟时，审计师是其第二个角色。下面我们将通过一个短小的例子来描述该角色。

案例研究   **角色随时间的推移而发生改变**

在一家金融服务公司，其内部审计师正着手开始有关经营风险管理的初步行动，并将提供全面的咨询服务。然后，这些工作会由一位风险经理来负责。该风险经理应计划报告风险系统以及风险手册（该手册被置于公司的内部网上）；而内部审计师将接受鉴证的职责，并评价经营风险管理的充分性。当风险管理在企业中已发展成熟时，风险经理即会离开，而由业务经理开始负责。事实上，上述过程已成为企业的一种存续方式。之后，内部审计师还会承担质量鉴证职责，即检查企业所应用的准则，以确保已实施良好的风险管理，并检查组织的各个部分是否已正确地理解和应用这些准则。然后，审计师还会对风险管理和内部控制提供帮助热线。此外，审计师还会建立投诉热线，以方便员工报告其所看到的任何差距或对风险评估的滥用，并对报告过程加以控制。在开展审计工作的过程中，咨询工作和鉴证工作是分开的；且到目前为止，审计师能够向管理当局、董事会和审计委员会提供一系列的支持、建议及鉴证服务。

推动、领导、倡导和辅助等都是将审计植入风险管理且值得称赞的方面，但要注意某位发起人曾明确提出如下警告：

　　　　风险经理的职责并不是管理风险，而是确保在组织中采用通用的程序和操作方法。业务主管则应对识别和管理其领域内的风险负责，并向董事会提供统一的概况和报告。[16]

2.3.4　帮助、支持、设计和实施

对于不太成熟的组织来说，审计师的角色可以在一开始时就未雨绸缪：

> 管理当局应对风险识别和内部控制环境负责。内部审计师需复核风险评估和内部控制，以确保它们是有效的。如果风险评估并不明确或未被记录，则内部审计师可以同管理当局一同工作，以记录风险评估，并使其保持明晰。[17]

风险管理涉及人们在权衡风险之后，重新探讨内部控制的问题。然后，管理者才能够报告他们已经对控制进行了复核。该报告会被包含在正式的季度披露中。事实上，上述过程仅仅在过程可靠并已做记录的情况下才会有意义。按照鉴证的职责，内部审计师可以袖手旁观，仅仅报告风险管理的状态比较糟糕，需要进一步改进；内部审计师也可以询问需要其做些什么，以帮助激励急需的行动。而这也就是帮助建立良好的结构、政策、沟通渠道的具体过程，以支持良好的风险管理和良好的经营管理。许多任务和初始行动尚未担负起其所应承担的全部责任。在这种情形下，审计师可开始着手从事这些任务和初始行动：

> 在建立和管理风险管理的过程中扮演积极的角色，并不等同于要成为"风险的所有者"。为了避免成为"风险所有者"的角色，内部审计师在风险的识别、缓解、监控和所有权方面的责任，应寻求管理当局的确认。[18]

有种基本观点认为，内部审计师本质上依然是审计师，因此内部审计师如下几个核心职责最为重要：[19]

- 鉴证风险管理过程。
- 鉴证是否已正确评估风险。
- 评估风险管理过程。
- 评估关键风险报告。
- 复核关键风险管理。

在尚未真正建立风险管理时，本模型中的帮助、支持、设计和实施部分建议审计师还要考虑其他职责。幸运的是，关于法定的审计职责，IIA 给出了如下官方指南：[20]

- 培训如何识别和评估风险。
- 教导管理当局应对风险。
- 协调 ERM 活动。
- 合并风险报告。
- 维持和开发 ERM 框架。
- 倡导建立 ERM。
- 形成风险管理战略，并提交董事会批准。

除了核心职责之外，应保障审计师职能的各个方面都被植入客观的鉴证职责，

这一点很重要。审计师可以执行额外的咨询职责，只要符合下列情况：[21]

- 应明确管理当局负有风险管理的责任。
- 审计章程中应记录内部审计师的责任，并经审计委员会批准。
- 内部审计师不应代表管理当局来管理任何风险。
- 内部审计师应对管理当局所做的决策提供建议、咨询和支持，而不是提供风险管理决策。
- 对于其所负责的 ERM 框架的任何部分，内部审计师无法给予客观的鉴证。此类鉴证应由其他恰当的、有资格的主体来提供。
- 内部审计师所从事的除鉴证活动之外的任何工作，均应被界定为咨询业务，并应遵循与咨询业务有关的实施准则。

2.3.5　非审计任务

该模型以问题"是否为非审计任务？"而结束。董事会成员面临着 COSO ERM 所提出的真正挑战：

> 董事会会对企业风险管理进行重要监督，且董事会不仅了解还会同意主体的风险容量。外部各方（如顾客、卖方、企业合伙人、外部审计师、监管者以及财务分析师等）经常会提供影响企业风险管理的有用信息，但是其既不会对主体风险管理的有效性负责，也不成为主体风险管理的一部分。[22]

董事会成员可能会告诉内部审计师需要做些什么，并觉得已经做了自己应做的工作。对审计师来说，仅仅做这些分配的工作并发现自己已掌握风险管理过程并对其进展负责，即是个很大的诱惑。IIA 已明确指出，应该避免这样的陷阱。对内部审计师不应承担的职责，IIA 发布了适当的指南：[23]

- 设置风险容量。
- 实施风险管理过程。
- 为管理当局提供降低风险的保证。
- 制定风险应对措施。
- 代表管理当局实施风险应对。
- 对风险管理负责。

这样，审计师就可以界定哪些风险管理过程在其权限之外。IIA 道德准则指出，提供内部审计服务应依据内部审计执业规范国际准则。在内部审计师有机会接受非审计职责时，如果对其职责还缺乏明确性，审计师可依据 IIA 指南，并考虑如下因素：[24]

- IIA 道德手册和准则均要求内部审计活动的独立性，且内部审计师在执行工作时应是客观的。
- 如果可能的话，对于会受到内部审计师定期评估的非审计职责或职务，内部审计师应避免接受；

- 如果这不可能，则应该对有关各方披露其对独立性和客观性的损害，且披露的性质取决于损害的严重情况。

2.4 风险管理成熟度模型：阶段 III

本模型的下一部分将探讨组织中风险成熟度的理念。事实上，我们已使用四个层次来评估风险成熟度；且在各个层次，都需要调整审计师的角色，以应对变化的环境。我们的模型如图 2—3 所示。

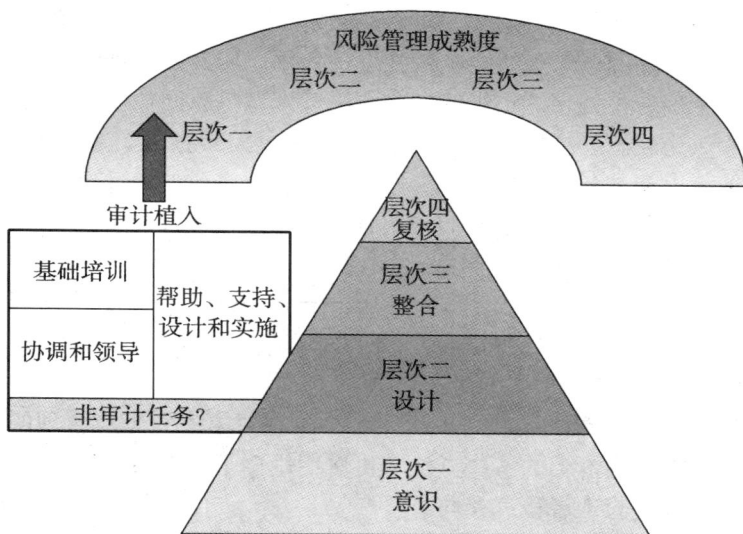

图 2—3 风险管理成熟度模型：阶段 III

2.4.1 层次一：意识

进行风险管理的出发点是意识到某些类型的系统已生效，以确保采用系统的方法来控制风险。内部审计师能够很好地将该信息传递给执行官以及整个企业。职业指南针对上述情况及对咨询工作有所帮助的方式提出：

风险管理是管理当局的主要职责。为了实现经营目标，管理当局应确保良好的风险管理过程有效并能够发挥作用。董事会和审计委员会担负监督的职责，以确保恰当的风险管理过程是生效的，并且这些过程是充分的。内部审计师应辅助管理当局和审计委员会来改善风险管理过程的充分性和有效性。具体的辅助的方式包括检查、评估、报告、建议等。管理当局和董事会应对组织的风险管理和控制过程负责。然而，内部审计师的咨询职能能辅助组织识别、评估和实施风险管理方法并加以控制。[25]

我们将通过如下例子来描述审计职责的演进过程。

案例研究　　　　　　　　　**循序渐进的方法**

一家联邦政府机构使用内部审计小组来引入风险管理，其做法是将风险管理的概念分解为可管理的小块。向所有的职员发放短小的简报，且简报上列示了风险的含义以及应加以适当应对的必要性。就这样，有效的风险管理的真正好处被记录下来了。应向所有管理层强调了解其职责和管理风险的重要性，因为他们才是其业务范围内真正的专家。这些想法一旦萌芽，管理者就应在初步了解其工作领域所涉猎风险的基础上参观并讨论简报。绝大部分管理者会反映良好，并接受任务以思考他们的目标、风险和可能的应对方案。每个人都会按照自己的节奏来工作，没有例外。这样，风险管理的概念最终会生效并发挥作用。应鼓励管理者来负责，而不是等更高级别的管理者来处理。小组领导和中层管理者可以同他们的职员交谈，并思考目前有哪些风险和威胁应向上级（或侧面向其他人）报告。主要的技巧是给人们以任务和动机以使其各就各位。随着思考的逐步成熟，上述过程可以按更加系统的方法进行分解。最后，应鼓励人们采用有组织的方式进行行动，且该方式对他们来说效果最好。

2.4.2　层次二：设计

我们已经将 CEO、董事会和高级管理者的注意力集中到风险管理的初始阶段。模型的下一部分将提出恰当的解决方法。再次使用例子来阐述这样一个问题，即审计师通过努力可以使管理者积极参与。

案例研究　　　　　　　　　**展开风险管理**

一家地方权威组织使用一系列正式的程序，来实施风险管理计划。其内部审计师建立了一个项目，且该项目涉及检查所有地方当局和其他类型组织的最好的实务。另外，其还明确界定了风险管理过程的总目标和 18 个月内要达到的目标。要对项目的进展进行跟踪，并将预示失败的迹象（包括研讨会召开次数过多、员工自满、被排除在正式风险识别过程之外的重要问题等）记录下来。随着项目的展开，会要求每个管理者谈谈进行正式风险管理的益处，并使其与其他部门的管理者交流思想。

设计和审计风险管理的方式会因组织的不同而有所不同。其部分是由组织风险管理成熟度的水平、组织的类型及其经营方式等所导致的。审计指南中已经强调这一点：

内部审计师应意识到在不同组织的风险管理实务中，应运用不同的技巧。风险管理过程应根据组织的性质来设计。根据组织经营活动的规模、复杂性的不同，风险管理过程可以是：[26]

- 正式的或者非正式的。
- 定量的或者主观的。
- 植根于经营单元或者集中于公司层面。

2.4.3　层次三：整合

我们的模型将层次三描述为将风险系统整合到企业的工作方式之中。更加成熟的组织已达到了这样的阶段。此时，风险被看成同组织工作相关的概念，而不是外部或者专业的概念。从这个意义上讲，风险管理要想成为一个基本概念，将依赖于设定良好的组织结构和文化，正如下面引文所解释的：

　　风险管理涉及建立恰当的结构和文化。风险管理应用逻辑和系统的方法来建立背景，并识别、分析、评估、处理、监测和沟通风险。这些风险是指与活动、功能或过程等相关的风险，且进行风险管理应能使组织的损失最小化，并使收益最大化。[27]

整合涉及将风险管理看成一种综合的方法。对该方法的系统应用，能够强化明晰的受托责任，并导致有效的决策制定。整合是指经过深思熟虑来设置良好的战略。良好的治理是指通过借鉴一套好的标准来建立和维持企业的价值；而所谓好的标准则是指该标准能够被转换为政策，之后再被转换为业绩目标，以及再被转换为行动。也就是说，以明晰的受托责任和披露为基础，来平衡良好的业绩和明智的决策。

2.4.4　层次四：复核

整合的经营系统已经将风险的概念植入其中。风险成熟度的层次四正是建立在整合的经营系统的基础之上。此层次与复核过程有关。除了建立风险管理，还要将其整合到组织的工作方式之中，而且我们还需向外界报告上述过程及其可靠性。当系统生效时，可以建立复核、监控和管理认证。在此阶段，审计师开始脱离其咨询职能，而转向其核心的鉴证职能。整个监控和复核过程包括如下三个主要因素：[28]

（1）通过日常计量或核对具体参数，来进行持续的（至少是经常性的）监控。

（2）对风险及其处理的日常管理复核（有时也被称作控制自我评估）。

（3）使用内部和外部审计师进行审计。只要可能，这些审计师应测试系统，而不只是检测某些情形。

审计师的复核角色对风险管理的成功来说至关重要。在成熟的组织中才会有事情需要复核，而对于刚刚开始将风险纳入日程的组织来说则并不需要。在履行鉴证职责时，审计师应参考 IIA 指南，该指南提出在如下三个领域可以提供鉴证服务：[29]

- 风险管理过程，包括其设计以及应如何工作。
- 对被归类为主要风险的风险进行风险管理，包括控制的有效性和其他应对。
- 风险的可靠性和恰当性评估、风险报告和控制状态。

为了帮助我们汇总已经讨论过的这些问题，现在来谈谈已经出版了的风险管理准则：

> 如果组织有标准的风险评估框架，则内部审计师可以借助该框架。通过聚焦组织的主要风险，内部审计师会附加最大的价值。如果没有这样的框架，则内部审计师的工作也能向高层管理者提供关于组织风险的有价值的信息。[30]

2.5　风险管理成熟度模型：阶段Ⅳ

我们的模型首先设置了从层次一到层次四的风险成熟度曲线。当审计师为风险成熟度为层次一的组织工作时，该审计师主要从事的是咨询职责；而当组织处于风险成熟度的层次四时，图形变了，模型变为通过设置标准来评估审计师职能的游戏拼图。我们的模型如图2—4所示。

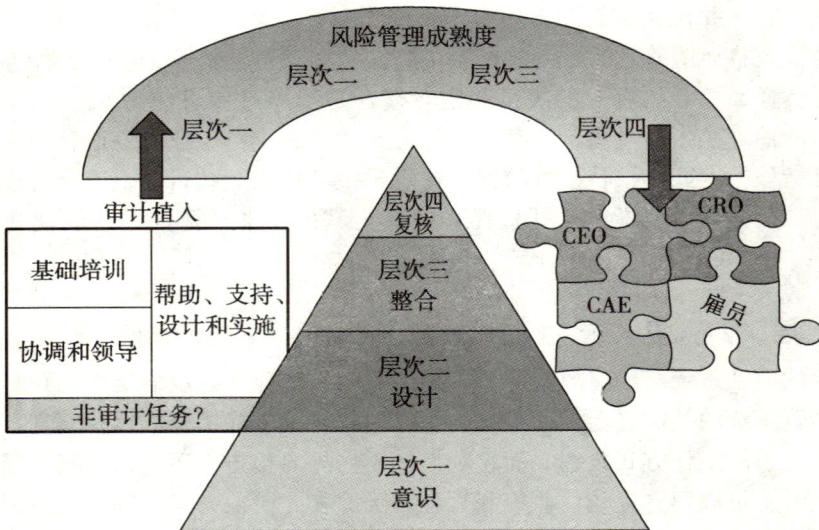

图2—4　风险管理成熟期模型：阶段Ⅳ

模型各个新的部分被描述如下。

2.5.1　首席执行官（CEO）

CEO和董事会负责制定总体的风险政策，并会对风险管理负责。此外，CEO负责监督风险政策将会产生的影响，并向利益相关者报告。我们此前曾指出，良好的内部控制依赖于良好的风险管理，因此公开的报告应涵盖ERM和内部控制。职业指南强调应由组织高层来承担如下责任：

> 进行风险管理是管理当局的重要职责。为了实现经营目标，管理当局应确保良好风险管理过程的有效性，并使其发挥作用。董事会和审计委员会负有监督职责，以确保恰当的风险管理过程的充分性和有效性。[31]

结合风险管理职责，CEO 需要知晓如下可能会对组织有害的重大问题：

首席执行官通常应知道违反政策和程序的重大事件。对于有重大财务影响或战略含义的事项，或对主体的声誉有影响的事项，首席执行官都需要相应的支持信息。[32]

推动和复核应对风险的方式，这双重职责构成了 CEO 对 ERM 的重要投入：

首席执行官的职责应包括确保 ERM 所有组成部分的有效性。CEO 通常应执行如下职责：[33]

- 领导和指导高级管理人员。
- 定期会见主要职能部门的高级管理者……复核他们的职责，包括他们是如何管理风险的。

2.5.2　首席风险官（CRO）

审计师需要在履行其自身职责和对风险管理过程的协调之间留有余地。许多组织理解这一点，而这通常会导致对首席风险官的任命。COSO ERM 认为所谓"风险官"的职责是：

主体中的每个人都应对企业的风险管理负有责任。首席执行官应负最终责任，因此拥有所有权。其他管理者也应支持主体所倡导的风险管理哲学，并促进下属对风险容量的遵循，还应在其责任范围内管理风险，以使其与风险容限相一致。风险官、财务官、内部审计师和其他管理人员通常也担负着重要的支持责任。[34]

通过下面的小例子，我们可以看到导致雇用 CRO 的发展周期。

案例研究　　　　　　　　　　保持发展势头

大型组织通过雇用咨询师来实施风险管理过程。咨询师会带来预先包装好的软件以及高级咨询技巧。外部团队也会因经常参与其他工作而了解丰富的信息。经过一段时间之后，董事会建立了小型的内部团队，使其与咨询师接触并学习他们的技巧。这是行之有效的，但还是应以保持咨询师的积极性并使其推销理念为主。最后，指定首席风险官。此人应具有咨询师的上述特征，并能够和众多业务经理一道在企业中推广风险管理。

需要某些人来推动风险管理过程的运作，这一点是很重要的。尽管如前所述，所有权在 CEO 那里，但是仅仅要求企业管理团队来开展工作也还是不够的。我们需要建议和专业知识，以推动将政策变为现实的进程。仅仅将内部审计师所做的风险评估，看做是公司的风险管理过程也是不够的，正如下面的指南所指出的那样：

功能良好的风险管理系统，可以应对大量企业风险。而且，该系统可被应用于制订内部审计计划。但是，内部审计计划中的风险评估并不足以构成组织的风险管理过程。[35]

组织的不同部分将会形成不同的风险评估结果，因此 CRO 需要对其加以协调和统一：

> 对确保风险得到管理，董事会负有责任。在实务中，董事会会将对风险管理框架的具体运作委托给管理小组，并由其来完成后面的活动。也许还会有一项单独的职能，即负责对上述活动进行协调和项目管理，并引入具备专业技巧和知识的专业人才。[36]

2.5.3   雇员

模型游戏拼图的下一部分是雇员（即组织所雇用的人、有关联的人或与之结盟的人）。在这里，有关风险的信息非常重要。如果组织中的人们相信风险的概念，那么就会将其运用到日常所做的每件事中。董事会会制定风险政策，再由管理当局这个团队来实施，而管理者也会在其工作领域内使用风险管理。最后，职员也要理解风险过程，能够并愿意遵循所设定的标准。管理当局和雇员在 ERM 中的职责已被明确地描述为：

> 组织中的每个人都履行着各自的职责，以确保企业风险管理的成功。

但是，对识别风险和管理风险负基本责任的则应为管理当局。[37]

使每个人都意识到风险的概念，这是非常重要的，组织要抓住这一点，其具体方法正如下例所述：

案例研究   **风险管理——改变管理当局之路**

风险管理应与改变管理战略协同一致，这是一个有用的方法。虽然会面临一些阻力，但是我们仍旧有充分的理由来解释所增加的价值。许多管理者发现刚开始识别风险时是很困难的，需要大量的在线帮助。之后，他们才能逐步接受风险管理过程，并自己来管理。参与者很快发现了自己的方法，能够理解所面临的风险，并知晓应如何将风险降低到可接受的程度。其他人则围绕着向上风险的概念，因为所应用的现行战略存在缺口有待开发。一个有用的副产品即是对传统控制的理解。事实上，传统的控制并不反击风险，也并未要求具体的规则（如立法）。我们应该削减传统的控制，从而加快经营，并使其更加有效。

2.5.4   首席审计师（CAE）

对于首席审计官适应拼图游戏的方式，我们有着特殊的兴趣。无论怎样界定内部审计师的职能，都需要在审计章程中予以明确说明，并进行正确的协商，正如执业指南中所述：

> 总之，确定内部审计师在风险管理过程中的职能，是管理当局和审计委员会的职责。管理当局对内部审计师职责所持的观点可能会受到诸多因素的影响，如组织文化、内部审计职员的能力、当地的条件以及该国家的

习惯等。[38]

界定了内部审计师的职责之后，有必要促进整个组织对其含义的明确理解。审计界的重要人物也会经常谈到内部审计师的职责所发生的演化：

> 近年来，关于内部审计师在风险方面的职责问题，已经成为职业讨论中的常见话题。尽管内部审计师并不直接管理风险，也不对风险管理中所涉及的资源配置做出决策，但是仍旧有人认为风险管理与内部审计师之间存在密切的关系。事实上，有些观察家也认为内部审计计划的出发点，应是组织实现其经营目标所面临的风险或威胁。[39]

尽管鉴证职能能够增加组织的价值，但我们也必须牢记：

> 内部审计是独立、客观的鉴证和咨询活动。对于 ERM 来说，内部审计师的核心职责即是向董事会提供关于风险管理有效性的客观鉴证。内部审计师通过如下两个重要的方式来为组织提供价值：一是提供关于重大经营风险已被恰当管理的客观鉴证；二是提供关于风险管理和内部控制框架运作有效的鉴证。研究表明，上述方式已得到董事会和内部审计师的一致认同。[40]

同时，在风险管理已相当成熟的组织中，鉴证和咨询的职能却趋于紧张。IIA 指南进一步解释了咨询服务如何才能变得更加积极：

> 风险管理是管理当局的主要职责。为了实现经营目标，管理当局应确保良好风险管理过程的有效性，并使其发挥作用。董事会和审计委员会应具有监督职责，即确定恰当的风险管理过程的充分性和有效性。内部审计师应辅助管理当局和审计委员会改善风险管理过程的充分性和有效性。辅助的方式包括检查、评估、报告、建议等。管理当局和董事会应对组织的风险管理和控制过程负责。但是，内部审计师所担负的咨询职能能够辅助组织识别、评估和实施风险管理方法，并加以控制，以应对风险。[41]

无论选择何种形式，大家所公认的观点即是不应只坐等机会。应该澄清、记录审计的立场，并将其作为拟订审计工作计划和具体执行的基础。在权衡具体方法和风格的优缺点时，大量职业准则提供了解决该问题的有用建议和支持。从某种意义上讲，对于风险管理不太成熟的组织来说，较容易确定以帮助和支持为基础的审计师的职能，如风险的倡导者和风险专家。当组织已经形成了前进的方式时，解释新的审计职能将会变得比较困难。如果 CAE 对于做的是否足够多，以及所做的事情是否有意义并接受审查持有看法，则审计师的职能就又回到了鉴证和挑战的阶段。我们可以在风险准则中找到这个挑战因素：

> 内部审计师的工作并不会减少对应负责的管理者在其职责范围内监控风险的要求，也不会减少应对这些风险的减缓战略。内部审计师有责任挑战管理风险评估的基础，并应评估风险应对战略的充分性和有效性。[42]

需要进一步探讨的是，如果某人帮助建立并实施了一项具体的政策，后来又要求此人客观地审计该政策，这显然是行不通的。如果内部审计师负责建立风险管理过程，然后又负责协调风险管理过程，那么其提供有效鉴证的能力将会受到影响。审计准则谈到存在这种情况的一个极端情形：

> 如果审计师对其以前年度负责的活动提供鉴证服务，则被认为损害了客观性。如果管理当局偶尔指定内部审计师从事非审计工作，则说明他们并未被看成内部审计师。[43]

2.6 风险管理成熟度模型：阶段 V

如前所述，我们已经建立了模型来说明审计团队是如何开始秘密地进行风险管理的。随着其他人的陆续加入，各自的角色和职责在组织中逐渐明确，审计师会被安排参与拼图游戏。模型的最后部分设置了新的审计植入箱，以反映风险管理成熟度从层次一、二、三到四的历程（即组织中的人们对风险从无知到敏感的过程）。我们的完整模型如图 2—5 所示。

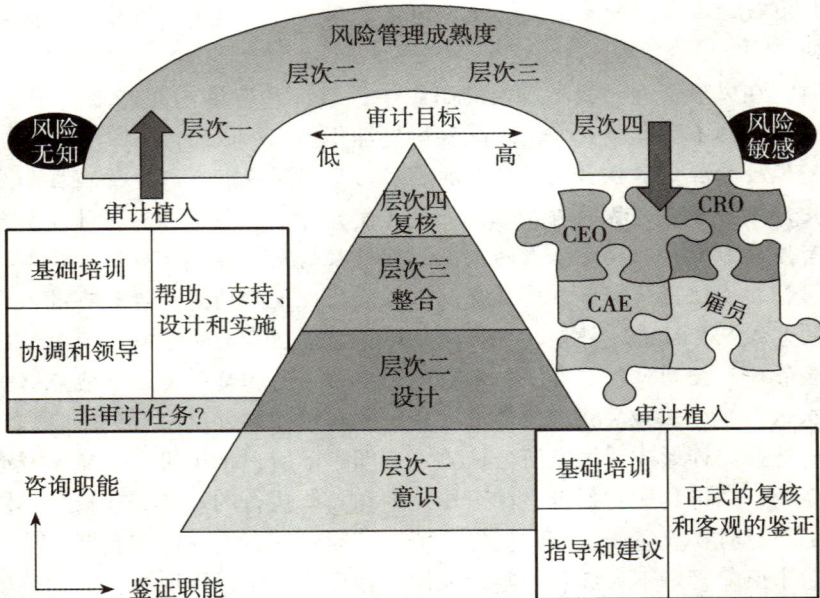

图 2—5 完整的风险管理成熟度模型

有关该模型各个部分的描述具体如下。

2.6.1 咨询职能

在风险管理成熟的组织中，咨询职能呈现出崭新的面貌。在进入这部分的讲述之前，我们需要重新回顾咨询服务的正式定义：

> 咨询及相关的客户服务活动，其具体的性质和范围要同客户商定，旨在内部审计师不负有管理职责时，增加组织的价值并改善组织治理、风险

管理、控制过程。例如，可以提供顾问、建议和培训等服务。[44]

澳大利亚和新西兰的风险管理准则是这样谈论审计植入的：

在设计、改善控制系统和减缓战略时，内部审计师可以通过提出建议来帮助组织。控制的实施和战略的实施则由管理当局来负责。[45]

IIA 指南也明确指出内部审计师可从事如下咨询活动：

- 提供内部审计师分析风险和实施控制时所使用的管理工具和技巧。
- 利用其在风险管理和控制方面的专长以及其对组织的整体了解，使其成为倡导者，从而将 ERM 引入组织。
- 就风险和控制，提供建议，组织培训研讨会，教导组织，并促进统一的语言、框架和意识的形成。其所采用的方式是：
  - 作为协调、监控和报告风险的中心点。
  - 支持管理者识别可以减缓风险的最好方式。[46]

以这种方式，审计师可以帮助、辅助、诱导和协调风险管理过程，但不是拥有风险管理过程。

2.6.2　鉴证职能

同咨询工作一样，鉴证曾被正式定义为：

客观地评价证据，以提供关于组织的风险管理、控制或治理过程的独立评价。例如，有关财务、业绩、合规性、系统安全性和恪尽职守等方面的评价。[47]

下面用一个简单的例子来说明审计职能在组织中的含义。

案例研究　　　　　　　　**风险回报**

审计部门被誉为风险的倡导者。他们不断地放出有关风险的信息。针对有问题的管理团队，所有的审计都开始于风险研讨会的培训，并围绕真正已出现的风险来制定职权范围。审计工作包括复核内部控制、经营方式以及所形成的正价值。审计师结束外勤工作之后，紧接着就是去另外的风险研讨会同管理当局一道来考虑发现、控制、合规问题、财务报告和职员价值系统等问题，以开发下一步的计划。审计师已经构建了一系列一小时内的意识会议。根据请求或者当近期审计中的控制意识明显偏低时，审计师会在此会议上向适当的团队、项目、联系人和管理者展示控制意识。所有关于风险管理、审计、遵守控制等概念的建立，都围绕着鼓励正确文化、奖励行为、遏制威胁、采取管理风险、控制合规等来展开。将风险管理和有效的内部控制系统联系起来，并进行季度性的自我认证。

2.6.3　审计植入

在较早的模型中，我们已经讨论了尚未掌握风险管理的组织的基本培训职责。

具体例子展示如下：

案例研究　　　　　　　培训——审计的第一部分

　　一位审计经理综合使用 CRSA 技术来实施审计。首先，送达客户经理的问卷由经营工作组来完成，以帮助评估控制环境。然后，通过访谈来寻找风险领域，并引入审计过程。再由审计经理对风险研讨会成员进行培训。风险研讨会的参会人员由来自于有问题领域的核心职员所组成。最后，来自风险研讨会的反馈意见被用于微调审计的职权范围，以使其重点关注风险较高的领域和已知的问题。

　　如果开始即是由审计来领导风险管理，则这种情况会随着组织内部出现专家而发生改变：

　　　　在实务中，某些银行（尤其是小银行）的委员会承认，审计师对建立经营风险管理程序负有初始责任。如果是这样的话，银行会看到，日常经营风险管理的责任会被及时转移给其他方。[48]

2.6.4　指导和建议

　　在我们的模型中，指导和建议是审计师咨询职能新的方面。审计师能够为建立风险管理过程提供支持，只要该职责明显不同于其他人，如 CRO。ERM 展示了这样的例子，也展示了其如何被作为公司风险政策的一部分，应用到经营部门。

2.6.5　正式的复核和客观的鉴证

　　本模型包含核心的审计职能，即提供正式的鉴证。整个复核过程关注如下五个关键领域：[49]

● 识别并优先考虑来自于经营战略和经营活动的风险。

● 管理当局和董事会决定组织可接受的风险水平，包括完成组织战略计划可接受的风险。

● 设计并实施风险减缓活动，从而减低或者管理风险到管理当局和董事会预先决定的水平。

● 进行持续的监控活动，以定期评估风险以及对管理风险实施控制的有效性。

● 董事会和管理当局会收到风险管理过程结果的定期报告。应与利益相关者定期沟通组织的公司治理过程。沟通的具体内容包括风险、风险战略和控制等。

　　不同于组织的其他部门，审计师对风险管理过程所做的任何复核，均应提供确凿的证据。指南解释了应如何进行上述评估：

　　　　内部审计师应获取充分的证据，以使其满意地认为风险管理过程的五个关键目标都已满足，从而形成已实施的风险管理过程是比较有效的书面意见。[50]

2.6.6　审计客观性

需要详细解释的一个方面即是审计的客观性，以及咨询工作同鉴证工作之间相互平衡的方式。我们必须首先界定审计独立性的含义，IIA 准则对此给出了某些正式的解释：

110. A1　内部审计活动在决定内部审计范围、执行工作和沟通结果时，应是自由的、不受干预的。

1120　内部审计师应具有公正的、不偏不倚的态度，并避免利益冲突。

1130　如果在事实上或形式上已损害了独立性或客观性，则应向有关各方披露损害的细节。披露的性质取决于损害的情况。

1130. A1　内部审计师应退出对其以前所负责的具体项目的评估。如果内部审计师对其以前年度所负责的活动提供鉴证服务，则会被认为损害客观性。

1130. A2　鉴证业务涉及首席审计官所负责的职能时，应由内部审计师之外的一方对此进行监督。

1130. C1　内部审计师可以对其以前年度所负责的经营项目提供咨询服务。

1130. C2　如果内部审计师提供的咨询服务存在潜在的独立性或客观性损害，则应在接受业务之前向业务客户披露。[51]

如前所述，某些审计部门接受 CRO 的职责，对组织风险管理过程的有效性负责。然而问题在于，如果指定审计部门接受该职责，那么是否同时还应要求审计师对风险管理状态和内部控制提供正式的鉴证。当审计师复核其过去所负责的领域时，IIA 发布的指南为这种情况提供了建议：

> 如果将经营责任交给内部审计师，则与之相关的经营领域再请其进行后续鉴证时，应特别注意确保审计客观性。如果内部审计师审计其以前年度曾被授权或负责的领域时，客观性即会受到损害。如果审计业务与审计师以前的经营责任领域相关，则在沟通审计业务的结果时，应将这些事实陈述清楚。[52]

对于审计职能来说，充分的独立性非常重要。这一点经常被提及：

> 专业内部审计师必须保持独立性。这样才能履行其专业责任，发表客观的、不偏不倚的、不受限制的意见，并报告事情的真相，而非某些执行官或主体所希望看到的结果。内部审计师所实施的审计必须不受限制，包括他们实施哪些检查以及如何实施检查。只有这样，内部审计师才能被看做是专业的审计师。[53]

2.6.7　风险无知

模型的最后两个方面与在两个极端（例如，根据对风险的鉴别和对有较高优先权的风险的应对能力，职员可以被分为对风险无知和对风险敏感两类）之间移动的连接体有关。对风险无知的人并没有真正理解影响目标实现的风险，也没有能力去复核控制和做出重要的变更。在这种情况下，应要求审计师同员工一起工作，从而帮助其建立起风险意识。审计师可以采用其进行咨询时所可以提供的所有方法，如培训班、联网说明、团队简报等。当员工已成熟时，审计职责将变为支持和建议，然后变为正式的复核，这些都不同于在对风险无知的组织中所担负的审计职责。请看下面的例子。

案例研究　　　　　　　　　　　ERM 在线

运输公司请内部审计师编制以联网为基础的 ERM 说明。这被用来向公司高级职员和后备骨干介绍有关 ERM 的基本概念，以及如何将之引入未来年度。

2.6.8　风险敏感

对风险敏感的雇员则处在另一个极端。他们具有知识和工具，有能力对环境和项目应用风险识别、评估和控制的方法。正如下面的例子所示。

案例研究　　　　　　　　　　　你有能力

一家公司摆脱了正式的风险研讨会的培训形式，鼓励员工复核他们的工作领域，并自己来做风险评估。然后，员工的任何想法都会被传递到经理那里，并付诸实施。当然，这需要人们一起采取行动。在过去，这是不曾发生过的。

如前所述，当员工完全熟悉已建立的风险管理过程时，审计职能将会发生改变。审计师将要评估看上去良好的过程和具备知识的员工是否真正可靠，以及董事会是否可以依赖对该过程的认证和报告。应对上述需要的战略被列示如下：

> 在决定咨询服务与鉴证服务是否兼容时，一个关键因素即是决定内部审计师是否承担管理责任。在 ERM 中，只要内部审计师在实际的风险管理中没有承担责任，且管理当局积极赞成和支持 ERM，内部审计师就可以提供咨询服务。风险管理是管理当局的责任。我们认为，只要内部审计师是在帮助管理当局建立或改善风险管理过程，则其工作计划中就应该包括明晰的战略以及将对这些活动应负的责任转移至管理当局的期限。[54]

风险所有权和控制所有权的概念可能会引发诸多争论。一名有经验的审计师将此问题描述为：

> 公司应重新思考其评估和减缓风险的方式。公司应采取综合、全面的方法。在许多公司，内部审计师都是可以正式评估风险的唯一人选，尽管更多的组织正在考虑雇用首席风险官。内部审计师可以在以下方面辅助审计委员会：界定企业中的最高风险，如何以及何时并由谁来解决每项风险。尽管内部审计部门可以辅助管理当局和审计委员会来评估风险并对其加以控制，但管理当局仍应对内部控制负责。[55]

　　风险成熟度在组织的不同部门会有所不同，而正是这导致了额外的复杂问题。这意味着审计方法需要多维化，以适应所从事的各项审计的不同背景。

2.7　小结

　　风险管理中的审计角色会因组织的不同而有所不同，也会因组织中的不同部门而有所不同。因此，不评估现实的可能情况，审计团队就无法简单地诠释审计职能。这是很重要的。我们可以通过如下五个步骤来考虑审计师在风险管理中的职能：

　　（1）考虑组织风险管理成熟度所处于的层次，并试图通过设定层次来计划上述过程，且各层次都应具有可作为目标的明确属性。

　　（2）在现有的风险成熟度层次上开始履行审计职责，并确保审计团队会被给予良好的支持，以有助于设立早期阶段的结构和方法。

　　（3）随着组织风险管理的日渐成熟，创建在组织的风险管理安排下有关各自职责的游戏拼图，并确保以这种形式来明确建立审计师的职能。

　　（4）随着组织对 ERM 开发方式越来越有信心，以及 ERM 被植根于组织的经营系统，与培训和指导的职责相比，应更加注重发展客观的鉴证。

　　（5）依据员工应对挑战的方式，来衡量 ERM 所取得的进展。应将 ERM 植入工作实务和技巧中，以应对挑战。

　　请注意，附录 A 的检查表可以用来评估 ERM 的整体质量，也可以用来判断支持和复核 ERM 过程的审计方法的类型。

注释

　　1. Australian/New Zealand Standard：A Guide to the Use of AS/NVS 4360 Risk Management within the Internal Audit Process—HB 158 2002，p. 3.

　　2. Lawrence B. Sawyer，Mortimer A. Dittenhofer，and James H. Scheiner，*Sawyer's Internal Auditing*，5th ed.（Orlando，FL：Institute of Internal Auditors，2003），p. 121.

　　3. Institute of Internal Auditors，Introduction to Professional Practices Framework.

　　4. *Ibid.*

　　5. *Ibid.*

　　6. Institute of Internal Auditors，UK & Ireland，Position Statement 2004，*The Role of Internal Audit in Enterprise-Wide Risk Management*.

　　7. Australian/New Zealand Standard：A Guide to the Use of AS/NVS 4360 Risk Management within the Internal Audit Process—HB 158 2002，Committee of Sponsoring Organizations，*Enterprise Risk Management*，September 2004，p. 28.

8. Institute of Internal Auditors, Practice Advisory 2100 – 4: *The Internal Auditor's Role in Organizations Without a Risk Management Process.*

9. *Ibid.*

10. Institute of Internal Auditors, Practice Advisory 2100 – 3.

11. Basil Orsini , "Mature Risk Management," *The Internal Auditor* (August 2002): pp. 66 – 67.

12. Institute of Internal Auditors, Glossary of Terms.

13. Institute of Internal Auditors, UK & Ireland, Position Statement 2004, *The Role of Internal Audit in Enterprise-Wide Risk Management.*

14. Institute of Internal Auditors, Practice Advisory 2100 – 4: *The Internal Auditor's Role in Organizations Without a Risk Management Process.*

15. Institute of Internal Auditors UK & Ireland, Glossary.

16. Neil Cowan, *Corporate Governance That Works* (Prentice Hall, Pearson Education South Asia Pte Ltd, 2004), p. 49.

17. Australian/New Zealand Standard: A Guide to the Use of AS/NVS 4360 Risk Management within the Internal Audit Process—HB 158 2002, p. 4.

18. Institute of Internal Auditors, Practice Advisory 2100 – 4: *The Internal Auditor's Role in Organizations Without a Risk Management Process.*

19. Institute of Internal Auditors, UK & Ireland, Position Statement 2004, *The Role of Internal Audit in Enterprise-Wide Risk Management.*

20. *Ibid.*

21. *Ibid.*

22. Australian/New Zealand Standard: A Guide to the Use of AS/NVS 4360 Risk Management within the Internal Audit Process—HB 158 2002, Committee of Sponsoring Organizations, *Enterprise Risk Management*, September 2004, Executive Summary.

23. Institute of Internal Auditors, UK & Ireland, Position Statement 2004, *The Role of Internal Audit in Enterprise-Wide Risk Management.*

24. Institute of Internal Auditors, Practice Advisory 1130. A1 – 2.

25. Institute of Internal Auditors, Practice Advisory 2100 – 4: *The Internal Auditor's Role in Organizations Without a Risk Management Process.*

26. Institute of Internal Auditors, IIA Practice Advisory 2110 – 1: *Assessing the Adequacy of Risk Management Processes.*

27. Australian/New Zealand Standard: A Guide to the Use of AS/NVS 4360 Risk Management within the Internal Audit Process—HB 158 2002, Foreword.

28. Australian/New Zealand Standard: A Guide to the Use of AS/NVS 4360 Risk Management within the Internal Audit Process—HB 158 2002, p. 89.

29. Institute of Internal Auditors, UK & Ireland, Position Statement 2004, *The Role*

of Internal Audit in Enterprise-Wide Risk Management.

30. Australian/New Zealand Standard: A Guide to the Use of AS/NVS 4360 Risk Management within the Internal Audit Process—HB 158 2002, p. 4.

31. Institute of Internal Auditors, Practice Advisory 2100 – 3.

32. Australian/New Zealand Standard: A Guide to the Use of AS/NVS 4360 Risk Management within the Internal Audit Process—HB 158 2002, Committee of Sponsoring Organizations, *Enterprise Risk Management*, September 2004, p. 81.

33. *Ibid.*, p. 85.

34. *Ibid.*, Executive Summary.

35. Australian/New Zealand Standard: A Guide to the Use of AS/NVS 4360 Risk Management within the Internal Audit Process—HB 158 2002, p. 4.

36. Institute of Internal Auditors, UK & Ireland, Position Statement 2004, *The Role of Internal Audit in Enterprise-Wide Risk Management.*

37. *Ibid.*

38. Institute of Internal Auditors, Practice Advisory 2100 – 3.

39. Lawrence B. Sawyer, Mortimer A. Dittenhofer, and James H. Scheiner, *Sawyer's Internal Auditing*, 5th ed. (Orlando, FL: Institute of Internal Auditors, 2003), p. 200.

40. Institute of Internal Auditors, UK & Ireland, Position Statement 2004, *The Role of Internal Audit in Enterprise-Wide Risk Management.*

41. Institute of Internal Auditors, IIA Practice Advisory 2110 – 1: *Assessing the Adequacy of Risk Management Processes.*

42. Australian/New Zealand Standard: A Guide to the Use of AS/NVS 4360 Risk Management within the Internal Audit Process—HB 158 2002, p. 4.

43. Institute of Internal Auditors, Practice Advisory 1130. A1 – 2.

44. Institute of Internal Auditors, Glossary of Terms.

45. Australian/New Zealand Standard: A Guide to the Use of AS/NVS 4360 Risk Management within the Internal Audit Process—HB 158 2002, p. 4.

46. Institute of Internal Auditors, UK & Ireland, Position Statement 2004, *The Role of Internal Audit in Enterprise-Wide Risk Management.*

47. Institute of Internal Auditors, Glossary of Terms.

48. BASEL Committee on Banking Supervision, Bank for International Settlement, February 2003, Principle 2, paragraph 17.

49. Institute of Internal Auditors, IIA Practice Advisory 2110 – 1: *Assessing the Adequacy of Risk Management Processes.*

50. *Ibid.*

51. Institute of Internal Auditors, Professional Practices Framework.

52. Institute of Internal Auditors, Practice Advisory 1130. A1 − 1.

53. Lawrence B. Sawyer, Mortimer A. Dittenhofer, and James H. Scheiner, *Sawyer's Internal Auditing*, 5th ed. (Orlando, FL: Institute of Internal Auditors, 2003), p. 38.

54. Institute of Internal Auditors, UK & Ireland, Position Statement 2004, *The Role of Internal Audit in Enterprise-Wide Risk Management*.

55. Cynthia Cooper, vice president of Internal Audit for MCI (formally known as WorldCom), "One Right Path", *The Internal Auditor* (December 2003): pp. 52 − 57.

第3章 企业层面的风险管理

一个过程，该过程识别、评估、管理和控制潜在的事项或情形，以提供关于实现组织目标的合理保证。

IIA 词汇——风险管理

3.1 引言

风险团体正在使用一个新术语来描述其共同点。这个术语就是我们曾提过的"企业风险管理（ERM）"，其被定义如下：

企业风险管理是一个有组织的、一致且持续的过程，它贯穿于整个组织，对影响主体目标实现的机会和威胁进行识别、评估、应对和报告。[1]

IIA 指南综述了上述发展的背景：

在过去几年，人们已日益意识到对风险管理进行有力的公司治理是非常重要的。组织处于这样的压力之下，即应去识别其所面对的所有经营风险，包括来自社会的、道德的、环境的、财务的和经营等的风险。组织还应解释如何将风险管理至可以接受的水平。企业风险管理框架优于缺乏协调的风险管理方法。随着组织日益意识到这一点，企业风险管理框架的使用面也在不断扩大。[2]

ERM 是一个宽泛的概念，它具有如下特征：[3]

- 一个过程，在主体内持续地进行。
- 受组织中各层级人员的影响。
- 应用于战略制定。
- 应用于整个企业，各个层次和业务单元均会应用，包括采取主体层面的风险组合观。
- 旨在识别一旦发生将会影响主体的潜在事项，并将风险控制在风险容量之内。
- 能够向主体的管理当局和董事会提供合理保证。
- 力求实现一个或多个类型不同但相互交叉的目标。

第 1 章介绍了风险管理的基本概念。第 2 章描述了 ERM 成熟度、审计师的支持和复核职能以及这些职能的固有冲突所带来的某些挑战。本章将更加详细地研究 ERM 及其成为企业经济生活重要新特征的原因。

3.2 企业风险管理模型：阶段Ⅰ

我们的第一个模型从组织中有关风险评估的部分职位开始，如图3—1所示。

图3—1 ERM模型：阶段Ⅰ

模型的各个部分被描述如下。

3.2.1 单独的风险活动

风险管理并不是新鲜事物。许多专业人员和专家都详细考察过风险，并用其来辅助决策。问题是我们所指的风险活动并不同于有关专家的传统做法。来自IT安全、健康和安全、应急计划、项目管理等的人们，在工作中应用风险循环时各自都有自己的方法。而且，他们还有自己的定义、术语、工具以及适合他们的一般观念。但是，将其汇总起来尚无法构成完整的综合系统。而这即被称做单独活动，即组织中的各个部门相互独立地开展工作，正如下面的例子。

案例研究　　　　　　　　**需要统一的方法**

一家专业机构的风险管理系统尚未被标准化，导致各部分之间无法进行沟通。不同的团队所使用的术语和格式相互之间都不一致，甚至有时还是相互矛盾的。对风险管理的看法比较分散，再加上组织中各部门按照不同且互不相容的标准开展工作，从而形成了上述不同的格式。管理当局对于所评价的数据和报告是否具有较高的质量，也没有一定的衡量标准。这样得到的风险登记簿将是一个混乱的报告系统，且对组织的较高层来说，并无整体意义可言。

3.2.2 一次性的风险报告

以风险为基础的单独活动也需向上报告，并向整个组织报告，但并不是以列示风险管理过程的方式进行的。每份报告有其自身的风格和详细程度。可惜的是，无法将这些报告集中起来讲述一个故事。它们只是由不同的小故事所组成，没有共同的主题或观点。事实上，审计报告也存在这种情况，即只给出有关企业某部分的一次性信息。如果将它们放在一起来评价整个风险管理过程和内部控制系统，则会非常困难。这种分散性审计覆盖的正是具体详尽的审计，过去有人曾评论道：

守旧人士辩解说：单独的方法是必要的，可维持"审计师的独立性"。其针对风险世界的一小部分风险，决定是什么构成了充分控制，而不是就风险评估过程的质量和管理当局所列示的风险状况的可靠性，向董事会报告。只要内部审计师认为他们的工作只是在作报告，那么就不存在真正的审计独立性。[4]

有必要确认组织内风险的相关性，这是 ERM 的支持性要素之一。COSO ERM 对此做了如下记录：

> 一个事项能触发另外一个事项，且该事项也可能同时发生。在识别事项时，管理当局应理解事项是如何相互关联的。通过评估这种关系，人们能够确定哪里最需要进行风险管理。[5]

3.2.3　公司战略

ERM 的起点是公司战略。在过去，风险被看成比较超俗的概念，即风险由围绕着组织的危险所组成，其主要形式是物理威胁。应对威胁的方法即是在组织中建立防御性的掩体，并对冲过掩体的任何事项制订应急计划。当我们想到战略时，ERM 即可获得突破。事实上，战略是由总任务推动的，而战略目标则来源于公司战略。通过关注影响经营核心的战略问题和因素，我们已将综合风险管理看成影响我们提供商品和获得成长的能力的任何事情，而不是将其仅仅看成对企业的物理威胁：

> 风险管理关注积极的结果。针对公司治理对公司业绩的提升，风险管理做出了重大的贡献。[6]

然而，这并不意味着——不能就企业的某一部分作风险报告：

> 在有些情况下，企业风险管理的有效性是针对特殊经营单元来单独评估的。[7]

3.3　企业风险管理模型：阶段 II

到目前为止，我们构建模型是用来说明风险管理的旧观点——没有条理的风险管理。但是，我们需要将这些观点罗列在一起，因为这样才会对组织的高层管理者有意义。我们的模型如图 3—2 所示。

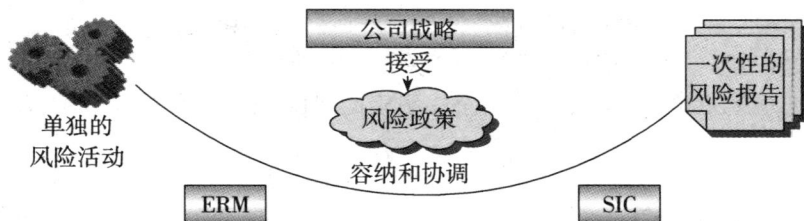

图 3—2　ERM 模型：阶段 II

模型各个新的方面被描述如下。

3.3.1 风险政策

风险政策是将对风险和控制的思考和决策放在一起的主要工具。风险政策试图合并所有以风险为基础的活动，并在广泛的业务前沿推广这些技巧。风险政策有着良好的支持：

我们可以出版和沟通这种类型的政策声明，来说明组织的执行官对风险管理所做的承诺。沟通可能包括：[8]

● 建立一个团队，由其负责沟通有关风险管理和组织的政策，且该团队成员包括高级管理者。

● 使整个组织提高对管理风险和风险管理过程的认识。

● 政策应能促进良好的实务。对于银行来说，这意味着其确实考虑了所有有关产品和经营系统的风险：

银行应识别和评估所有主要产品、活动、过程和系统等所固有的经营风险。银行也应确保在新产品、活动、过程和系统等被引入或采用前，已先对其所固有的风险实施了充分的评估程序。[9]

3.3.2 接受

上层以风险政策的形式构建了有用的信息，其有必要将此信息向下传播至整个组织。如果没有人们发自内心的真正接受，语言、评论、动作表情等对人们工作方式的影响将变得微乎其微。这更多地依赖于良好的沟通：

为了确保实施风险管理的负责人和既得利益者可以理解决策的基础和要求采取特殊行动的理由，有效的内部和外部沟通是非常重要的。[10]

良好的接受是：

● 直接来源于 CEO 和董事会对风险管理价值的坚定信念。

● 开发风险政策所做的努力。该风险政策适合组织，并满足其随时间推移而日益增长的对专业水平的需要。

● 对职责的明确说明，具体包括风险所有权、去哪里寻求帮助和建议以及如何复核安排等。

● 采用所有沟通渠道，以传播风险政策中的观点。

● 采纳已经过深思熟虑的计划，以实施风险政策中所包含的问题。

● 关注胜任能力、培训、意识和相关工具的使用。

● 应认识到必须制定目标，从而以明确的风险成熟度水平为基础来开展风险管理。

3.3.3 容纳和协调

我们已经制定政策，从而将风险整合到人们的工作方式之中。接下来，我们有必要确认上述努力的具体含义。为了迎接新的挑战，需要给予人们一定的资源，也需要一套机制将这些努力以一种一致的、有条不紊的方式进行整合。需要整合不同的公司文化以反映主体的风险管理哲学。COSO 对此评论道：

例如，激进的销售职能主要关注销售问题，而并不关注管理合规问题；而承包单位的人员则特别关注合规问题，以确保已遵循所有内部和外部的政策及法规。[11]

对于 ERM 所发生的改变，需要提供简单易懂的过程，且该过程可以由内部人（内部审计师）甚至是外部人（外部审计师）进行报告或复核。组织的中心部门应收集所有事项，并将其作为专家意见和建议的来源。我们已经讨论了内部审计师以及指定的 CRO 所扮演的角色，且董事会应决定协调时所持的立场。有理由让内部审计师牵头，本书前几章已解释了这是如何发生在风险成熟度的早期阶段的：

内部审计师向董事会和管理当局提供风险已被识别、评估和控制的鉴证时，扮演着重要的角色。因此，内部审计师对内部控制比较感兴趣。事实上，由于内部审计师对目标、风险和控制之间关系的特殊理解，他们经常是组织中风险实践的促进者。[12]

3.3.4　ERM 过程

在设置风险政策，并使人们支持该观念之后，我们转向真正的 ERM 过程。首先要考虑的是建立 ERM 的好处，其可被列示如下：[13]

- 实现目标的可能性更大。
- 在董事会层面，合并报告不同风险。
- 改进对重要风险及其广泛含义的理解。
- 识别和分担交叉的经营风险。
- 对真正紧要的问题实施更多的管理。
- 更少的惊险和危机。
- 更关注于在内部以正确的方式做正确的事情。
- 更有可能变得主动。
- 有能力承担更高的风险以获取更高的回报。
- 更精明的风险承担和决策。

多年来，公共和私人部门都经历了几个重要的阶段，才最终走向良好的 ERM。从以风险为基础的活动转变为更广泛的风险管理，再转变为 ERM，正如图 3—3 所示。

ERM 框架关注决策、受托责任以及明确的公司方向，其被总结如下：

风险管理涉及管理过程，以达到实现获利机会和损失最小化之间的恰当平衡。风险管理是良好管理实践的一部分，也是好的公司治理的重要因素。风险管理是由多个步骤组成的反复的过程。若按顺序采取步骤，则能够持续改善决策，并有助于持续改善业绩。[14]

COSO ERM 框架由贯穿于整个组织的八项构成要素和四种类型的目标所组成，

有关其具体说明参见图 3—4 中的四个维度。

项　目	以风险为基础的活动	风险管理	ERM
角度	物理威胁	所有的威胁	威胁和机会
焦点	具体项目	具体经营	整个企业和合伙人
实施者	专家	某些管理者	每个人
详细程度	复杂分析	详细分析	总体评估
时间选择	一次性的	经常的	持续的
语言	不同的术语	同样的术语，但采用不同的角度	统一的术语和角度
卖点	更有力的控制	更好的决策	更好地协调决策和受托责任
报告	详细的一次性报告	较高水平却分散的报告	经过整合的快速业务报告
控制焦点	以安全和应急计划为基础	以个别控制机制为基础	以综合的控制框架为基础
工具	数据分析	CRSA 和调查	文化变更，以将 ERM 整合到工作实践中
目标	较低的保险费	在风险登记簿中识别和管理风险	按照既定价值实现目标
范围	合规	经营	战略
标准	依赖于专家	依赖于管理者	依赖于董事会的风险政策
远景规划	保护公司资源	保护董事会和执行官	培养对风险敏感的员工、提升公司的信誉
推动者	外部威胁	CEO、CRO	利益相关者、CEO、CRO

图 3—3　ERM 概念的演化

构成要素	目标	组织的维度
内部环境	战略	主体层面
目标设定		
事项识别	经营	分部
风险评估		
风险应对	报告	业务单元
控制活动		
信息与沟通	合规	子公司
监控		

图 3—4　COSO ERM 目标和构成要素

3.3.5　内部控制报告

ERM 的另一方面是内部控制报告（SIC）。这是个很重要的问题。于纽约证券交易所（NYSE）和纳斯达克（NASDAQ）上市的公司，以及大部分政府和非营利组织，都要报告其内部控制状况。上市公司关注对财务报告的内部控制，但也关注合规问题以及对经营和成长的整体安排。重要的问题被总结如下：

> 组织的目标将在可容忍的剩余风险内实现。风险管理就此向董事会和高级管理者提供了合理的保证。风险管理有助于进行良好的公司治理。[15]

COSO ERM 探索了风险和控制之间的重要关系：

> 这份《企业风险管理——整合框架》拓展了内部控制，并更有力、更广泛地关注于企业风险管理这一更加宽泛的领域。尽管它不打算、也的确没有取代内部控制框架，但是它将内部控制框架纳入其中，因此公司不仅可以借助该企业风险管理框架来满足其内部控制的需要，还可以借此转向一个更加全面的风险管理过程。[16]

只有通过复核风险，我们才能决定控制是否具有意义以及是否发挥作用。只有通过良好的 ERM 过程，我们才能建立良好的内部控制框架。希望已公布的内部控制报告能够为组织的年度诚信报告的使用者提供某些慰藉。一家大公司将其内部控制系统描述为：

> 我们保持内部控制系统，以合理保证财务报告的可靠性，并保护资产免于未授权的处理。正式的政策、程序（包括生效的道德和经营行为程序）都支持内部控制，以确保雇员遵守最高标准的个人和职业道德。我们建立了有力的内部控制程序，以独立地评价内部控制的充分性和有效性。[17]

3.4　企业风险管理模型：阶段Ⅲ

我们的模型继续如图 3—5 所示。模型各个新的方面被描述如下。

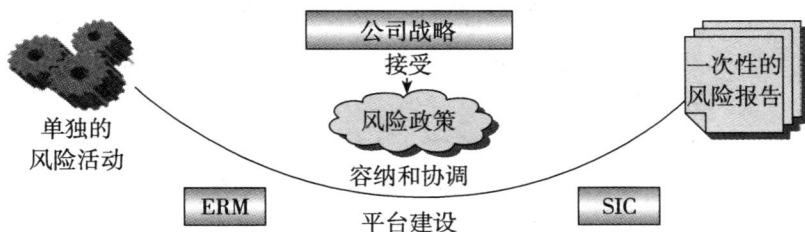

图 3—5　ERM 模型：阶段Ⅲ

平台阶段

我们的模型认为，需要良好的风险政策来替代更多传统且分散的风险报告，以支持 ERM 并使组织报告其内部控制系统。我们现在转到平台阶段，其要求达到这种状态。在我们谈论有关平台的细节问题之前，我们应先根据 COSO ERM 来考虑如何开展 ERM 工作：[18]

* 协调风险容量和战略。管理当局在评价备选的战略、设置相关目标和建立相关风险的管理机制时，应考虑所在主体的风险容量。
* 增强风险应对决策。企业风险管理为识别和选择风险应对方式提供了严密性方面的保障。备选的风险应对方式包括风险回避、降低、分担和承受。
* 削减经营意外和损失。主体增强了识别潜在事项、评估风险和着手应对的能力，从而降低了意外的发生概率及由此带来的成本和损失。
* 识别和管理多重且贯穿于企业的风险。每家企业都面临着影响组织不同部分的一系列风险，而企业风险管理正有助于有效地应对相关影响，并有助于整合应对多重风险。
* 抓住机会。通过考虑潜在事项的各个方面，管理当局能识别并积极实现机会。
* 改善资本配置。获取关于风险的有分量的信息，可以使管理当局有效地评估总体资本需要，并改进资本配置。

3.5 企业风险管理模型：阶段 IV

现在我们比较详细地考虑用什么来支持 ERM 平台。我们的模型继续如图 3—6 所示。

模型各个新的方面被描述如下。

3.5.1 风险容量

我们已经注意到风险容量是如此重要的话题，以至于它将单独占据一章（第 4 章）的内容。在这里，我们只简单强调董事会需要设置组织的风险容量。COSO 将其描述为重大挑战：

> 对管理当局而言，最具挑战性的即是决定主体在追求价值的过程中所愿意承受的风险程度。本报告将使管理当局更好地迎接该挑战。[19]

风险容量因人而异。我们建立的模型关注于：

* 关键目标。
* 风险类别。
* 是否为有利风险。
* 授权水平。

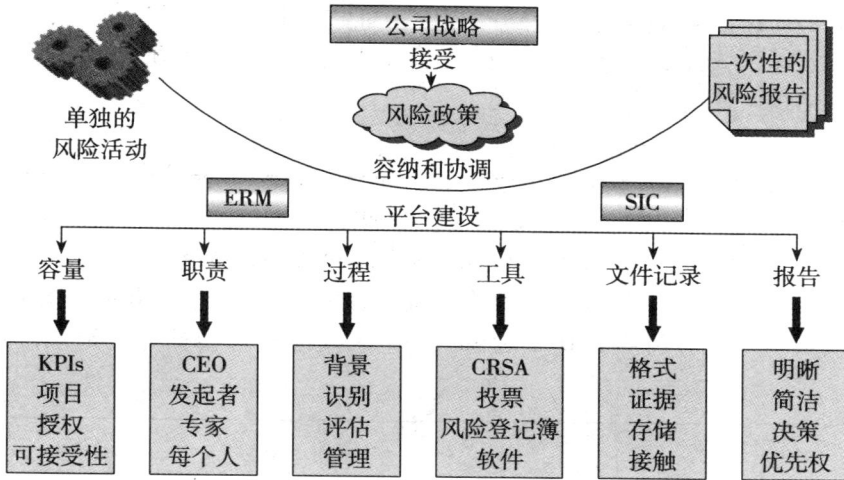

图 3—6　ERM 模型：阶段 IV

- 控制监督水平。
- 风险触发器。

这些项目将在第 4 章进行详细讨论。了解整个组织的风险暴露程度是非常重要的，因为董事会要对需要加强的领域发送指令；反之，也要对某些需要继续努力的领域发送指令：

> 如果组合观点显示，风险显著低于主体的风险容量，则此时管理当局可决定激励个别经营单元的管理者接受目标领域更高的风险，以努力提升主体的整体增长水平和回报。[20]

3.5.2　职责

ERM 的基础是使人们对检查和处理其工作领域的风险负责。ERM 也明确了人们应如何适应从董事会到清扫室的转换。CRO、财务控制官、审计委员会、披露委员会、风险经理论坛、公司律师、培训者、HR 人士以及其他每个人都能够发挥作用。此外，审计师也有重要的职责，以对上述其他人士的职能做出补充。上述主要职责包括：

- CEO。此人拥有 ERM，且对 ERM 的形成、实施以及所采用的方式负责。
- 发起者。发起者是董事会层面（或次董事会层面）的人。发起者必须确保 ERM 能够发挥作用。其任务包括向 CEO 和董事会报告 ERM 在整个组织内成熟的方式，以及 ERM 被整合到经营系统和过程的程度。
- 专家。CRO 和 CAE 都属于我们所定义的专家。这些人同专业项目人员、保险人员和安全人员一样，都具有风险管理的背景。他们可被看做讨论会的部分成员，并主要负责讨论制定准则、提供建议、协调经营中的 ERM。
- 每个人。这包括所有的雇员、关联方、咨询者、合伙人以及同组织有工作关系的人们。这个集合团队拥有良好的 ERM 知识，能够运用工具和技巧来确保风险政策在责任领域会被完全接受。他们也负责关注高级管理者在 ERM 开发和运用方面出现的任何缺点、不一致和问题。

关于这一点现举例如下。

案例研究   **风险管理命令和控制**

正如人们所猜测的，军事援助组织对实施新过程持有命令和控制的态度。服务部领导被告知使风险管理生效，被任命的促进者采用机械的方式列示究竟是什么任务，以及不执行任务将导致什么后果。每个风险事项都会被完整记录，并向上报告。

3.5.3 过程

ERM 是一个贯穿于整个组织的过程：

> 企业风险管理并不是静态的，而是一种贯穿于主体且持续、互动的行动。这些行动与管理当局经营企业的方式一样，都是普遍的和固有的。[21]

ERM 平台的另一部分是该过程应如何适应经营现状，请看下面的例子。

案例研究   **风险调查**

一家零售公司的风险管理框架较多地依赖其对地方商店就高风险领域所展开的调查。这些高风险领域与合规、价格、健康和安全、业绩以及需要解决的存货移动有关。红色风险正在迅速增加，直至它们被完全解决。

过程的下述主要部分都同等重要：

* 背景。ERM 开始的背景是所有的事情都支持质量过程。背景问题包括使 ERM 得以存在的员工意识、培训、ERM 程序手册、联网展示、对良好风险管理的承诺和分阶段计划等。
* 识别。每个组织都必须设法使好方法生效，以确保影响目标实现的所有内、外部风险得以被识别。关于适合企业的风险分类，可寻求一致达成的框架以获得帮助。扫描对组织有潜在正、负面影响的行业情报以及全球发展，这种持续的努力也是有帮助的。
* 评估。评估阶段是风险循环的重要阶段，需要以系统的方式来应对风险的影响及其发生的可能性。这涉及对评分系统的采用，其使得评估得以存在。
* 管理。每个业务经理、工作团队、项目经理都要理解有效的计量，以应对不可接受的风险水平（如采取可能的风险管理安排，而这取决于有问题的风险的性质和影响）。

3.5.4 工具

可获得各种工具来支持 ERM 平台。应对每个人都进行评估，以决定其是否能给辩论增加价值，正如下面的例子。

案例研究　　　　　　　　　　**投票技术**

一个组织大量使用投票技术来分析人们看待其工作的方式和企业之间的差距。该过程将评估信任和道德，以衡量控制环境和职员的士气。通过该过程可以发现，高级管理者的风险容量和一线员工所能忍受的风险水平之间存在着重大差异。投票模式还发现组织内缺乏有关公司整体方向和战略目标的信念。最后得出的结论认为已发生的实务并不正确，许多保证已被忽略或设计不当。

某些可获得的工具包括：

● CRSA。控制风险自我评估（CRSA）是众所周知的技术，它使人们集中讨论他们的目标、风险和必要时剩余风险被减缓的方式。CRSA 可被用于过程、产品、项目、人员和程序。对企业的某方面负最主要责任的人希望以更好的方式管理企业，正是这样的愿望推动着 CRSA。我们可以鼓励和授权员工做正确的事情。详见第 5 章。

● 投票。投票技术是个灵活的工具，用于使人们理解复杂和敏感的问题，并建立关注领域和有分歧的领域。请人们就几个既定的问题投票，并对控制的形成和采用方式发表意见。这样就会使评估经营领域的环境控制成为可能。可以使用投票来询问职员是否对他们的管理有信心，以及是否知道尚未正确报告的错误做法。也可以请职员就不同的风险投票，以评估这些风险的影响程度（如低、中或高），并评估适当的控制尚未生效时这些风险发生的可能性。

● 风险登记簿。另外一个有用的 ERM 工具是风险登记簿。这些文书按照风险循环自然地记录风险的识别、评估和减缓的结果。CRSA 风险研讨会可生成可靠的风险登记簿，业务经理也可以通过自己的复核及相关知识来编辑登记簿。由于工作组需要了解内部客户的不同优先权，因此登记簿可以向上报告，也可以向周边报告。

● 软件。通常会有丰富的风险软件和数据库系统联系在一起。可以使用风险软件来捕捉和报告重要风险。可以采用这些软件包，并根据企业的经营做些修订，以支持引入 ERM 的方式。该系统可被整合到经营计划过程之中，从而使得以风险为基础的计划和战略包括了相关的和持续的风险评估。

3.5.5 记录

ERM 一个有趣的特征是经营主动性，该特征支持利益相关者和监管者的利益。如果仅关注经营风险，则组织在寻求打击竞争者的武器或寻求保护其资源的盔甲时，会遭受损失。如果人们只是寻找资源来支持他们想做的事情，而隐藏使其看起来糟糕的事情，则这种情况会变得更糟糕。ERM 建立在一系列原则的基础上，如成长、业绩、受托责任等。因此，所有的努力都应被恰当地记录：

> 在决定记录的程度时，应考虑成本、收益以及记录某过程的原因。因此，后果较小的过程可只记录在日志上或简单写在档案里。而重新设计对主要客户的服务时，则应具备详细的过程解释，以供审计和复核使用。介于上述极端之间有一个范围，在决定具体情况下的记录水平时，需要谨慎的实务判断。[22]

关于恰当的记录水平，应考虑如下事项：

- 格式。记录风险评估和行动计划的方式应适应某种格式。格式应适合于具体的组织，尤其是其使用风险登记簿的方式。
- 证据。控制复核和行动计划均来源于风险评估，且其可靠性将对 ERM 产生影响。审计师的工作有着严格的证据标准，而非审计师则不掌握这些受过训练的方法。例如，在评价避免特殊风险的控制的充分性时，任何风险评估都可能会接受控制是充分的。但这种观点已先假设控制是按照所设想的那样来应用的。管理者不打算收集关于控制合规性的良好证据。应该告知管理者如何处理这种潜在的问题。
- 存储。另外一个方面是保留支持 ERM 活动的记录、文书、材料。公司的文件保留政策规定，应保留审计师和其他人感兴趣的材料。简单地说，所有这些记录均应遵循此政策。
- 接触。最后一点是接触规则。当人们集中分析风险并形成适当的应对措施时，会产生许多数据和注释。所讨论的某些问题可能和敏感问题有关，如团队工作的方式、目标是否会实现；也可能讨论违反规则和其他已经犯过的错误。好的做法是准确地决定谁将接触这些信息，并确保向所有的参与人员明确这一点。

绝大部分人认为，ERM 不会成为公司主体的另外一个官僚负担：

> 在某些情况下，需要恰当的记录水平和标准，来满足独立审计的需要。无论记录过程的原因是什么，只要采取了明智的做法，风险管理都不必再被施加另外一层文书的工作。根据法律要求，涉及风险管理的决策和过程，其记载的程度应适应环境。[23]

3.5.6 报告

ERM 的产出包括生成对风险敏感的员工，使其能更好地理解和处理影响其工作目标的任何事情。ERM 的另外一个产出则是良好的报告，该报告表明 ERM 是如何应用的，以及需要什么行动来应对紧急的问题或机会。有人说，风险管理信息系统可能拥有某些能力：[24]

- 详细记录风险、控制和优先权，并说明它们的任何变动。
- 记录风险威胁和相关的资源要求。
- 详细记录意外和损失事项，以及所吸取的教训。

- 跟踪有关风险、控制和处理的受托责任。
- 跟踪风险处理行动的进展，并记录其完成状况。
- 允许对违背风险管理计划的进展进行计量。
- 成为监督和鉴证活动的触发器。

过程的每个部分都同等重要。报告应满足定义的准则，具体包括：

- 明晰。报告应是明晰的，并表明考虑了什么目标，以及如何识别和评估风险。报告应说明风险所有者、行动计划和重要的未决问题。
- 简洁。此外，风险报告还应是简短的，并能说到点子上。ERM 应关注高风险领域，并集中行动来解决较高水平的未减缓风险。大量的数据分析导致了大量的文书工作（或详细的电子表格）。如果隐瞒大量数据分析所得出的重要发现，则目标将会受挫。
- 决策。减缓不可接受的风险，并寻求潜在回报吸引人的领域。报告应支持这些决策。ERM 的基本方面是支持良好的决策，以及支持公司的透明度。这一点应被应用于所有的 ERM 活动。
- 优先权。关于风险报告的最后一点是，报告应关注优先权（即在战略日程上，什么是重要的）。这样做的一种途径是，在经营风险登记簿上标记"红色风险"能够加速报告，以便大的问题能被及时地向上报告，且其终止于董事会的风险登记簿。

3.6　企业风险管理模型：阶段 V

我们已经明确了 ERM 的必要性，并建立平台来支持将风险管理分配到组织的所有部分。为了绘制完成此图，我们的模型还需要增加几点。我们的完整模型如图 3—7 所示。

模型各个新的方面被描述如下。

3.6.1　整合

模型的下一个方面是整合 ERM 和其他业务。这意味着，应将 ERM 融入管理者设置和完成业绩目标的方式之中，以及融入管理者解决违背重要法律或监管条例风险的方式之中。这是在将处理不确定性的概念融入到人们的工作方式之中，以使我们能够到达 ERM 的最后阶段——ERM 被真正植入企业的经营之中：

> 每一个主体的存在目的都是为它的利益相关者提供价值，这是企业风险管理的基础性前提。所有的主体都面临不确定性。管理当局所面临的挑战就是在为利益相关者增加价值而奋斗的同时，还要确定可以承受多大的不确定性。[25]

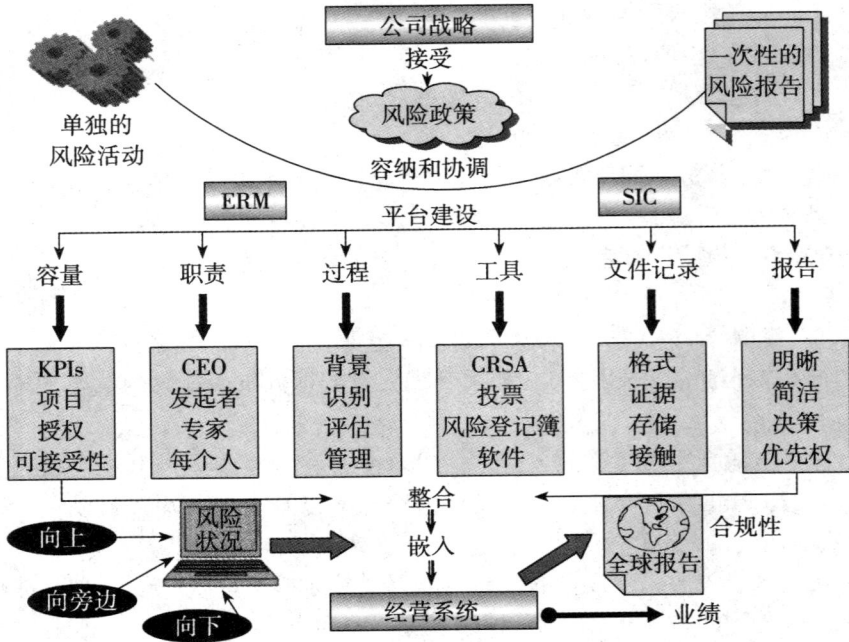

图 3—7　完整的 ERM 模型

3.6.2　嵌入

到目前为止，我们已经提到了风险活动、风险报告等，以描述如何建立 ERM。ERM 总的观点是：ERM 应建立在企业经营之中，而不是建立在其之上（即需要将 ERM 整合到经营系统中，以真正发挥作用）。良好的组织不是讨论风险活动和风险报告，而是讨论经营活动和报告。隐含在这些工具中的是评估不确定性和恰当应对，而这正如下面的例子所示。

案例研究　　　　　　　　　　嵌入的风险管理哲学

一个组织将风险管理定义为培训过程，且需花费大量时间来培养一流的风险管理促进者和倡导者团队。该团队将技巧传播给分部的管理者和小组的领导，并鼓励企业的各个部分形成自己的方式来完成标准的风险循环。该组织正接近于将风险管理的基础作为大部分雇员的生活方式。人们在其工作场所分析和应对风险，这已经成为其业绩评价系统的一部分，也是招聘及进行员工培训时要求其具备的能力之一。在嵌入良好的风险管理安排时，应明确管理者的职责。

COSO ERM 讨论了试图在组织上层实施风险管理的问题：

建立企业风险管理对成本控制有着重要的意义，特别是在许多企业所面临的高度竞争的市场之中。在现有基础上单独增加新的程序，将增加成本。关注现有的经营活动及其对 ERM 的有效性所做的贡献，并将风险管理整合到基本的经营活动之中，可使企业避免不必要的程序和成本。[26]

3.6.3　风险状况

我们的模型认为，组织应将自身视为应对内、外部风险的重要机制，以增加实现目标的可能性。在许多方面，ERM 像是人们的皮肤——最大的人类器官组织，它以最适合个体需要的方式来应对内、外部刺激。天气热了，皮肤会出汗以保持清凉。当太阳很晒时，皮肤则会吸收有价值的紫外线，但也只吸收到不会对皮肤产生伤害的程度。有害的辐射将导致不舒服，以使人们离开直接的日照。皮肤被割破时，会形成保护层，并开始治愈过程。皮肤可以处理绝大部分风险，也就是说，只有大的风险才能导致不幸。

每个组织都需要绘制其察觉风险和捕捉风险的方式，以方便其经过深思熟虑后应对威胁和机会。绘制的这张图开始于对风险的分类和在整个组织中报告风险的方式。

3.6.4　向上、向旁边和向下

风险评估的方式是一个重要的考虑因素。这涉及企业文化的核心，因为其建立在人们工作时相互联系的方式的基础之上。这些联系方式包括：

- 向下。许多组织的 ERM 过程开始于评估董事会层面的风险（即针对整个公司目标的高层次战略风险）。然后，此信息和优先权会通过组织向下传达，以建立每个人所关注的参考点。这是好的做法，但如果平衡不好，将强化以命令主导的组织，即在该组织中是向下传导的，从而导致上层没有时间聆听一线群体真正关心的是什么。

- 向上。与向下相反的是，该联系方式使工作团队和管理者集中起来以识别和评估他们所面对的风险，然后将结果向上送达，以着手开始行动或赞成所提议的行动。这个方法是有用的，但同时这意味着关于风险的核心信息并没有将 ERM 过程集中起来。另外，它还会导致来自企业不同部分的一系列分散的评论缺乏上层的指导。

- 向旁边。在一个开明的组织中，许多人能够将自己看成内部客户，从而能够提供并享受服务。不同的风险评估结果在向周边传播，以反映工作过程在组织中流动的方式。

我们要周密计划，结合上述三种沟通方式来报告风险评估情况，以使 ERM 有效发挥作用。

3.6.5　经营系统

ERM 将风险的概念引入经营系统中。这是非常重要的，因为计划系统、人力资源系统、沟通网络、业绩管理安排以及人们投入经营项目中的方式等共同构成了持续决策的基础。我们的模型为这些经营系统制造了一个大盒子，以便在报告 ERM 活动之前将其理顺。此时，风险评估已适应经营，并成为日常工作的一部分：

> "风险评估"这个术语有时会和一次性活动联系起来。但是，在企业风险管理的背景下，风险评估构成要素是在整个主体发生的行为，是持续、反复且相互作用的行为。[27]

3.6.6　合规性

我们来到模型的结尾部分。最为敏感的部分即是合规性（即知晓并应对所有义务的过程，这些义务是指从社会利益最大化的角度忠于规则、法规、法律和组织的程序）。好的做法是将合规性问题建立到风险评估之中，这样人们就会习惯说"我们以适当、正确的方式得到结果"，而不是仅仅说"我们得到了结果——就这样，我们没有什么可说的了"。关于这一点现举例如下。

案例研究　　　　　　　　　　　增加价值

在一家公司中，其风险管理的卖点是"你必须做"。既然这已被贯彻到生产线，"因此，让我们使其真的有用吧"。对风险评估的重点关注应放在控制是否得到坚持，以及控制是否应被改善等问题上。同时，实施子公司的项目时，也应鼓励员工复核和重新设计他们的书面程序。内部控制被看做是控制框架（包括风险管理工作）和良好的经营程序及财务报告系统的结合。

3.6.7　业绩

如果以"我们必须做"为基础，极少关注战术，那么 ERM 的支持者将会自讨苦吃。事实上，这种方法是很危险的。如果高层人员被迫去做并没有实际经营意义的事情，则他们往往只会做到最下限，即只是保证到检查时做到"已经做了"，而对手头的话题没有兴趣。如果 ERM 被看做是企业成长的重要方式，则有许多地方需要改进。为 ERM 制定措施时，高层人员将以更好的业绩和更好的组织为基础。这才是应被瞄准的目标，而不是停留在一个框框内反复检查。ERM 有时会处理关于不确定性的争议问题。此类问题在性质上无法被彻底解决，但可以通过可能的最好方式，来更好地理解不确定性，并解决能控制的方面、应对不能被控制的方面：

> 不确定性代表了风险和机会，代表了潜在的削减或增加价值。企业风险管理能够使管理当局有效地处理不确定性及相关的风险和机会，并提升创造价值的能力。[28]

3.6.8　全球报告

模型的最后一部分即是报告，该报告来源于包含 ERM 的经营过程。这些报告有助于管理组织，并有助于确保所有相关问题及业绩达到（或超过）利益相关者的期望。此外，还将对公众公布这些报告的适当版本，披露组织的情况及组织取得收入的途径。根据 COSO ERM 指南，在组织的业务范围内，就覆盖战略、经营、报告和合规等几项重要责任作报告，是可能的。我们再次回顾一下 COSO ERM 的三个维度，它们可被用来当做构建报告的有用框架:[29]

主体目标:

- 战略。
- 经营。
- 报告。
- 合规。

ERM 构成要素:

- 目标设定。
- 内部环境。
- 事项识别。
- 风险评估。
- 风险应对。
- 控制活动。
- 信息和沟通。
- 监督。

主体单元:

- 子公司。
- 业务单元。
- 分部。
- 主体层面。

这些构成要素来源于管理风险的综合方法和评估内部控制的正式框架。它们也来源于 ERM 过程，其能适应我们模型中所出现的所有问题。该框架意味着管理当局会对风险负责，并能够对额外剩余风险的严重程度给予保证。我们的模型忽略了审计师的职责，其被放在其他地方单独处理。事实上，审计师的职责是告诉组织其所依赖的 ERM 过程是否可靠。审计师也会对组织所暴露的风险水平，及其是否适合既定的政策和公开的报告提供意见。归根到底，管理当局应对这些风险负责，审计师只会在正式的审计报告中指及这些:

察觉重大业务并建议所应采取的恰当行动，是管理当局的责任。高级管理者出于成本或其他考虑，可决定接受所报告情况尚未被核准的风险。高级管理者针对所有重大察觉和建议所做的决策都应告知董事会。[30]

关于组织所面临的风险及应如何解决的问题，组织有必要告知其利益相关者。该原则在经济合作与发展组织（OECD）的公司治理原则中作了说明:

财务信息使用者和市场参与者需要合理预测有关重大风险的信息。重大风险可能包括: 公司所在行业或地区所特有的风险，对商品的依赖，包括利率风险和汇率风险等在内的金融市场风险，与衍生品和表外业务有关的风险，与环境负债有关的风险等。[31]

3.7   小结

企业风险管理将风险有力地提上了公司日程。ERM 面临的挑战即是将组织的所有方面以整合的方式集中起来。可通过以下五个步骤来考虑整合的 ERM：

（1）评估组织以各种风险为基础的活动，并分析这些活动的语言、技术、方法。

（2）根据经过深思熟虑所得出的风险政策将风险活动联系起来。正是将风险管理融入组织的所有部分之中的这种需要，推动着风险政策的出台。

（3）使用关键因素来建立 ERM 的有力平台。关键要素包括：风险容量、职责、过程、工具、记录和报告。

（4）确保捕捉到整个经营过程的风险，并确保沟通系统将沿着向上、向下和交叉方向在组织的所有部分之间流动。

（5）ERM 内含于经营系统，因此组织内部和外部所公布的全球报告也应关注业绩风险和合规问题的风险。

请注意，附录 A 的检查表可被用来评估 ERM 系统的整体质量，也可用来判断支持和复核 ERM 过程的审计方法的类型。

注释

1. Institute of Internal Auditors, UK & Ireland, Position Statement 2004, *The Role of Internal Audit in Enterprise-Wide Risk Management.*

2. *Ibid.*

3. Committee of Sponsoring Organizations, *Enterprise Risk Management*, September 2004, Executive Summary.

4. Tim Leech , " Getting to Grips with ERM ," *Internal Audit & Business Risk* （August 2002）：p. 11.

5. Committee of Sponsoring Organizations, *Enterprise Risk Management*, September 2004, p. 45.

6. Australian/New Zealand Standard：Risk Management Guidelines AS/NZS 4360：2004, p. 11.

7. Committee of Sponsoring Organizations, *Enterprise Risk Management*, September 2004, p. 25.

8. Australian/New Zealand Standard：Risk Management Guidelines AS/NZS 4360：2004, p. 27.

9. BASEL Committee on Banking Supervision, Bank for International Settlement, February 2003, Principle 4.

10. Australian/New Zealand Standard: Risk Management Guidelines AS/NZS 4360: 2004, p. 11.

11. Committee of Sponsoring Organizations, *Enterprise Risk Management*, September 2004, p. 28.

12. Neil Cowan, *Corporate Governance That Works* (Prentice Hall, Pearson Education South Asia Pte Ltd, 2004), p. 41.

13. Institute of Internal Auditors, UK & Ireland, Position Statement 2004, *The Role of Internal Audit in Enterprise-Wide Risk Management*.

14. Australian/New Zealand Standard: Risk Management Guidelines AS/NZS 4360: 2004, Foreword.

15. *Ibid.*, p. 11.

16. Committee of Sponsoring Organizations, *Enterprise Risk Management*, September 2004, Foreword to the Executive Summary.

17. Kellogg Company: Management's Responsibility for Financial Statements, Annual Report 2002/2003, signed January 28, 2004.

18. Committee of Sponsoring Organizations, *Enterprise Risk Management*, September 2004, Executive Summary.

19. *Ibid.*, Foreword to the Executive Summary.

20. *Ibid.*, p. 60.

21. *Ibid.*, p. 17.

22. Australian/New Zealand Standard: Risk Management Guidelines AS/NZS 4360: 2004, p. 96.

23. *Ibid.*, p. 96.

24. *Ibid.*, p. 98.

25. Committee of Sponsoring Organizations, *Enterprise Risk Management*, September 2004, Executive Summary.

26. *Ibid.*, p. 18.

27. *Ibid.*, p. 49.

28. *Ibid.*, Executive Summary.

29. *Ibid.*, Executive Summary.

30. Institute of Internal Auditors, Practice Advisory 2060 – 1.

31. "Organisation for Economic Co-Operation and Development," *OECD Principles of Corporate Governance*, 2004, p. 53.

第4章 风险容量

当首席审计执行官认为高级管理者所能接受的剩余风险水平可能是组织所无法接受的时，首席审计执行官应同高级管理者讨论此事。

IIA 准则 2600

4.1 引言

风险容量问题触及董事会及管理当局同内部审计师之间关系的核心。董事会设定了所谓的风险容量。管理当局赞同该风险容量，并通过建立适当的监控来控制风险。同时，内部审计师将负责完成对内部控制系统的客观报告。这些审计报告将复核实施控制后剩余风险的可接受程度，即此风险是否符合所设定的风险容量。这种依赖循环异常重要，它依赖于各方对风险容量的感悟。我们应记住这一点，Sawyer已经对内部审计师提出了挑战：

> 每个主体都有其固有的风险，内部审计师应对其加以分类，以供进行风险评估时使用。内部审计师置身组织内部，有机会观察到扩展时间段的固有风险。内部审计师应了解组织不同部分不同的固有风险。[1]

对审计界来说，上述挑战是相对简单的：帮助 ERM 生效，并使其运行良好：

> 内部审计活动应辅助组织识别和评估重大的风险暴露，并帮助改善风险管理和控制系统。[2]

4.2 风险容量模型：阶段 I

我们用这一章来绘制模型，以捕捉某些关于风险容量的关键考虑因素。事实上，我们的模型开始于一个矩阵，以评估决定风险容量时应强调的因素。模型如图4—1 所示。

经营领域	风险所有者		日期	
项目	高	中等2	中等1	低
设置目标和关键水平	1	基本支持	经营重要	战略重要	战略极重要

图4—1 风险容量模型：阶段 I

模型各个部分被描述如下。

4.2.1   经营领域

经营的各个部分都应坚持既定的风险容量。所采纳的风险图中我们应将组织划分为多个部分，以反映对执行和实现目标有潜在影响的内、外部风险的类型。在讨论经营领域的风险和控制时，我们需要再次定义某些术语。风险被定义为：

> 影响目标实现的事项发生的可能性。使用影响和可能性来计量风险。[3]

而控制被视做：

> 管理当局、董事会和其他方所采取的行动，旨在管理风险和增加所设目标实现的可能性。关于如何执行充分行动，应由管理当局进行计划、组织和指导，从而为目标实现提供合理保证。[4]

考虑到实施控制之后的固有风险为剩余风险，可将剩余风险定义为：

> 管理当局采取措施减少负面事项的影响和可能性之后，仍然残存的风险。采取的措施包括应对风险的控制活动等。[5]

剩余风险的可接受性与否取决于所讨论领域的风险容量。风险容量被定义为：

> 董事会或管理当局可接受的风险水平。其设置可能是针对整个组织的风险，或者不同部门的风险，抑或个别风险的水平。[6]

4.2.2   风险所有者

每项风险都有主要的风险所有者，且此人应对实现受风险影响的目标负最主要责任。在定义风险容量时，我们需要考虑应让谁来做关于这些风险的决策，然后再设置和观察风险容限。正如下面的例子所示。

案例研究   **责任游戏**

一家组织经历了对风险管理过程的真正抵制，主要的原因是其一开始就重新确定任务和受托责任。根本性的原因则是其责任文化，即只要所参与的冒险有任何失败的可能，人们就会花费绝大部分时间来逃避对任何事或工作的责任。

风险所有者必须向上层的高级执行官报告对预防风险的控制状态，以及净风险是否是可以接受的。这些报告轮流被反馈到董事会办公室，因此董事会成员能够对组织中的风险形成意见：

> 风险管理过程可以有效运作，关键风险被控制到可接受的水平，获得上述保证是对董事会或其对等机构的重要要求之一。[7]

4.2.3   低、中、高

模型的下一个部分认为，对于每个经营领域都需要计算出其风险容量是低、中还是高——或者换言之，是否按照所设计的低、中或高标准来监控或探测固有风险。模型允许每个管理者按照一套既定的标准来评估所定义的风险容限的程度——或者是否需要更进一步的干预来关注或严格要求所讨论的经营领域。风险容限的低、中1、中2和高水平形成一个框架，该框架可用来决定达到何种控制程度才能构成充分控制。充分控制被定义为：

> 由管理当局计划和组织（设计），为组织的风险已经得到有效的管理以及组织的目标将会有效率且经济地实现，提供合理保证。[8]

充分控制的概念部分依赖于组织及其员工的工作经验，COSO 指出了这一点：

> 成功接受重大风险的组织，与因明显进入危险领域而面临残酷经济或监管后果的组织，可能对企业风险管理持有不同的看法。[9]

可以使用模型来帮助组织认识风险所处的状态，还可将其应用于经营领域以及对内部客户的沟通，最后再使用其同利益相关者进行沟通。请注意，有效的沟通是 ERM 着重考虑的因素之一：

> 在组织中，在确认和评估积极和消极的风险维度的"文化"中，良好的沟通是非常重要的。关于风险的沟通能帮助组织建立其对风险应持有的态度。[10]

4.2.4　设定目标和重要性水平

我们已经描述了评估风险容量的框架，现在我们转到使用该框架进行评估的第一个标准，即目标和重要性水平。事实上，目标越重要，这些目标所伴随的风险就越需要管理。因此，风险容限也就会越低。目标和风险容量之间的关系被描述如下：

> 企业风险管理是一个过程，它由一个主体的董事会、管理当局和其他人员来实施，并被应用于战略制定且贯穿于整个企业之中，旨在识别可能会影响主体的潜在事项，管理风险以使其在主体的风险容量之内，并为主体目标的实现提供合理保证。[11]

重要性是需要进一步考虑的因素。如果经营的重要部分有关键目标，则我们将关心控制的活力及其是否会发挥作用。然而，并不是所有的目标都具有同样的重要性：

> 目标是可计量的靶子，主体在执行活动时向该靶子移动。但目标在重要程度和优先权程度方面是不同的。[12]

重要性被归纳为决策所需要的精确度和准确度。人们试图在一系列因素的基础上决策风险的可接受性。这些因素包括：[13]

- 对活动施加人员控制的程度。
- 导致重大灾难后果的潜在事项。
- 潜在后果的性质。
- 潜在影响的事项中，风险和收益的分布。
- 自愿的风险暴露的程度。

- 熟悉或理解活动的程度。

控制是为了减缓风险，以实现目标。即使是做最好的打算，也不一定能够保证事情总会按照计划来完成。"合理"的理念应被坚定地植入风险管理之中，该理念是设置某种形式的风险容量的理由。从这个角度讲，"合理"是个被广泛讨论的概念，它坚定地出现在风险管理的定义之中：

> 风险管理是一个识别、评估、管理和控制潜在事项或情况的过程，旨在为组织目标的实现提供合理保证。[14]

模型认为，目标应被分类为如下四种：

- 高风险容限：基本支持。这些目标是子公司所支持的，且其仅有助于核心目标的实现。例如，提供恰当的有关年度收益的统计数据。
- 中等 2 风险容限：经营重要。这些目标较重要，同保持信息系统的少量额外支持有关。
- 中等 1 风险容限：战略重要。这些目标稍微重要些，在我们的例子里可能还包括向客户报告月度账目的细节。
- 低风险容限：战略极重要。重要经营目标是战略性的。例如，持续提供面向新客户和现有客户的在线服务。

4.3　风险容量模型：阶段 II

我们已经建立了框架，以评估风险容量。我们也讨论了明确的风险容限依赖于相关目标的重要性。接下来，通过引入影响组织各个经营领域的不同类型的风险，来规定严格的标准。我们的模型继续如图 4—2 所示。

经营领域		风险所有者		日期	
项目		高	中等 2	中等 1	低
设置目标和重要性水平	1	基本支持	经营重要	战略重要	战略极重要
对风险进行恰当归类	2	其他类	经营类	财务和合规类	声誉类

图 4—2　风险容量模型：阶段 II

模型各个新的方面被描述如下。

给风险选定恰当的分类

我们有不同层次的经营目标，我们也有不同类型的风险影响着这些目标。在决定风险容量时，应更多地考虑对所讨论风险的分类。COSO ERM 设立了如下的风险类别：

> 对主体目标的分类允许我们关注企业风险管理的个别方面。这些不同但又有所重叠的类别——一个具体的目标可能分属于数个类别——是为了解决不同主体的需要，这可能是不同执行官的直接责任。这种分类也允许我们对各类目标的预期有所不同。[15]

当考虑准备容忍何种水平的风险时，我们首先需要关注这些风险的性质。执行官需要避免虚夸成果，鼓励糟糕的道德氛围，形成自治的权力基础，允许有质疑的财务交易，违背治理原则，损失和糟糕的业绩等。某些组织根据反映经营优先权的主线来设置风险类别，例如：

- 战略的。
- 经营的。
- 外部威胁。
- 财务系统。
- 人力资源。
- 经营过程。
- 信息系统。
- 合伙人和关联方。
- 公司价值。
- 市场份额。

然后，它们为每种风险类别设置风险容限水平。关于哪种类型的风险重要，哪种不重要，其他的组织仅有非书面的规则，正如一位作者所暗示的：

> 本能控制计量。询问失控飞行条件下飞机内的乘客，是否每个人都有同样程度的焦虑。虽然绝大部分人都知道乘坐飞机远远比驾驶汽车安全，但是某些乘客的旅程伴随着忙碌，而另外一些人则无论天气如何都会很快乐。这是好事。如果每个人都能以同样的方式准确估计各项风险，则许多风险都不会发生。[16]

《萨班斯—奥克斯利法案》导致了一项全新的风险。如果公司没有努力工作以确保遵循相关的法律法规，则将会被判坐牢和被处以大额罚金。《萨班斯—奥克斯利法案》还意味着管理当局应考虑与下列事项有关的风险：

- 记录履行该法律条款的项目。
- 识别财务报告内部控制的薄弱点。
- 建立良好的季度披露安排。

- 确保财务报告系统是良好和可靠的。

事实上，审计师可以为治理和风险管理进一步增加几个基本的构成要素，以获得对风险更广阔的视角：

内部审计活动应评估与组织的治理、经营和信息系统有关的风险暴露，还应考虑：[17]

- 财务和经营信息的可靠性和诚信度。
- 经营的有效性和效果。
- 资产的保护。
- 符合法律、法规和合同。

模型认为，风险应被分类为如下四种：

- 高的风险容限：其他。不符合其他类别的风险可归于此类；风险较小的也可以归于此类，如职员旷工多日。
- 中等 2 的风险容限：经营。影响经营的问题应归于此类，因为它们会影响日常的经营管理。过程系统中断的风险属于此类，因为它们会干扰经营管理的顺利开展。
- 中等 1 的风险容限：财务和合规。此类风险与向利益相关者所做的重要披露有关，因此具有较高的重要性，并具有较低的风险容限。重大违反程序的风险也应归于此类。
- 低的风险容限：声誉。经营糟糕或者是使经营更具有吸引力的任何事，都具有最高的重要性，应归于此类（也就是说，这是不可容忍的，应采取所有合理的步骤来减缓影响）。损害公众对组织信心的重大诉讼风险也可归于此类。

4.4　风险容量模型：阶段Ⅲ

我们要解决的风险容量的下一方面是有关威胁和机会的理念，或者是我们所说的向下和向上的风险。我们的模型继续如图 4—3 所示。

经营领域		风险所有者		日期	
项目		高	中等 2	中等 1	低
设置目标和关键水平	1	基本支持	经营重要	战略重要	战略极重要
对风险进行恰当分类	2	其他类	经营类	财务和合规类	声誉类
确定向上/向下的方向	3	商业机会	经营威胁	战略威胁	战略危机

图 4—3　风险容量模型：阶段Ⅲ

模型各个新的方面被描述如下。

确定向上/向下的方向

在我们开始研究风险的两个组成部分之前，我们先来看看风险的定义：

> 对实现目标有影响的事项发生的可能性。使用影响和可能性来计量风险。[18]

因此，如果影响较大，且很可能发生，那么该风险将成为重要风险，并将推动我们采取相应的控制。在绝大部分组织里，风险能绊倒我们，并使我们退缩。风险还会打击我们，并导致资源的损失。风险也使我们感到害怕以至于不敢放手去拓展和成长，因此风险会导致公司前景黯淡。不过，太勇敢和太害怕一样糟糕：

> 风险经常被描述为危险或负面的影响，而本准则所关注的风险则是对不确定性后果的暴露或对计划（或期望）的潜在偏离。这里所描述的风险应适用于管理潜在的收益和潜在的损失。[19]

好的足球队有着良好的进攻和良好的防守。球员守门，以阻止对方进球，其他球员则伺机进攻对方球门，这样既可避免给对方加分，又可避免失去应得的分。风险包括尚未被阻止的威胁和未被完全抓住的机会。通过打击会导致威胁发生的已知问题，可以使失败的可能性最小化；同时，通过打击阻止机会发生的任何事，可以使竞争优势最大化。有些组织使用对本行业的威胁（如较高的燃油价格）来推动自身的战略成长（如燃料比其他组织的更有效率）。COSO确认了上述两维风险：

> 事项可能有负面影响、正面影响，或二者兼有。有负面影响的事项代表风险，它会阻碍价值创造或破坏现有价值。有正面影响的事项代表机会，它可能会抵消负面影响。机会是一个事项发生的可能性，并会对目标——支持价值创造或保值——的实现产生正面影响。管理当局会将机会反馈到战略或目标的制定过程中，以便制订计划去抓住机会。[20]

模型认为，确定向上/向下的方向应被分为如下四类：

- 高的风险容限：经营机会。在鼓励创造性和经验的领域，即使具有较高的不确定性，只要其不会将风险驱赶到其他三类即可，其风险容限水平是相当高的。例如，针对突然出现的海外市场，需设立几个新的经营项目。即使没有关于这些项目会盈利的信息或确定性，也值得将资源投入并不成熟的市场，从而使自身走在仍坚守成熟市场安全地带的竞争对手的前面。

- 中等2的风险容限：经营威胁。应解决这些威胁，以确保持续性和成功。如果听之任之，它们则会升级为战略威胁。在经营中优先处理这些威胁是必要的。尽管有寻求新机会的政策，但是现有的经营机器也需持续运转。我们不想使经营人员投身于海外新项目，也不想使风险失去其在现有市场继续存在的基础。

- 中等1的风险容限：战略威胁。这些威胁能导致危机，必须增加更多的人力来解决这些威胁。在我们着手开发新的市场机会前，我们需要解决一些重大问题，即我们对经营方向失去控制的问题。如果没有解决这些问题，则抓不住重点的董事会和犹豫不决的 CEO 会经常出问题。

- 低的风险容限：战略危机。这是指组织的走向处于停滞状态。正如模型所建议的，由于需要在应对向上的挑战之前解决向下的风险，因此处于持续危机状态的组织将会发现以任何有意义的方式成长都很困难。绝大部分的危机情况产生于尚未处理且已失去控制的经营风险和战略风险。

4.5 风险容量模型：阶段Ⅳ

在决定我们集中努力的方向时，风险容量已为公司设定了基石。因此，风险容量应推动风险管理系统。我们的模型继续如图 4—4 所示。

经营领域		风险所有者		日期	
项目		高	中等2	中等1	低
设置目标和关键水平	1	基本支持	经营重要	战略重要	战略极重要
对风险进行恰当分类	2	其他类	经营类	财务和合规类	声誉类
确定向上/向下的方向	3	商业机会	经营威胁	战略威胁	战略危机
确定授权水平	4	小组层面	企业管理	执行管理	董事会层面

图 4—4 风险容量模型：阶段Ⅳ

模型各个新的方面被描述如下。

确定授权水平

大部分的组织结构都遵循一套既定的授权水平。这意味着，CEO 和董事会有权制定政策和战略方向。然后，再由高级执行官和业务经理在整个组织内加以说明和推动。授权与授权水平有关，有关授权水平的设置及其在组织中的转移反映了授权被定义和转移的方式。有关授权水平的方案会影响组织的结构和文化，还会影响风险评估和解决的方式：

内部审计师要特别关注固有风险的概念。组织经营或活动的性质和管理当局的风格所营造的氛围，对主体的固有风险有很大的影响。[21]

相对于其他不重要的领域，高级管理者更关注高风险领域。这是风险容量的良好指标。承担风险的组织将允许初级人员在较大范围内进行决策并付诸实施。而具有较低风险容限的组织，则会确保绝大部分决策是由少数总部管理团队做出的。允许其职员发挥作用的组织可能会犯更多的错误，但是其学习、调整和改善的速度很快。正如授权水平所定义的，这就是通过迅速、灵活的学习员工对变化环境的应对，高风险容限能够真正变成低风险的原因：

我们在决策和思考时，都隐含着对风险的考虑。但是，通过与其他利益相关方讨论各个步骤，这已变成自觉和正式的纪律。该机制有助于确保对所有过去的教训的思考。[22]

如果非常松散的授权水平对应固定的责任水平，则组织将会变得混乱无序；如果非常严格的授权水平对应固定的责任水平，则组织将会变得迟缓笨重。但是，有关新职员安排的决策所需要的授权水平，应不同于对重大财务交易处理的授权水平。我们通过计算其对经营领域有多大程度的影响，授权水平才会进入高层执行官的视野范围，来评估风险容量。模型认为，授权水平应被分为如下四种：

- 高的风险容限：小组层面。这些是基本的日常决策（如改变换班安排来覆盖高峰期间），由前线人员来决定。
- 中等 2 的风险容限：经营管理。这些决策由经营管理当局做出，以提供良好和持续的经营（如与招募新团队成员有关的决策）。
- 中等 1 的风险容限：执行管理。更重要的问题由高级执行团队来决定，因为这些问题将影响整个组织的经营方向和市场份额（如将分别位于两个州的办公室合并为一个，以缩小规模）。
- 低的风险容限：董事会层面。会对利益相关者的身心形成打击的事情由董事会来决定（如有损公司形象的所谓金融欺骗的坏消息）。

4.6 风险容量模型：阶段 V

还有几个项目应被加到模型之中，以使该模型成为判断经营领域中风险容量精度的工具（也就是说，管理当局需要监控两条以上的生产线正在进行什么并干预其进展的程度）。我们的完整模型如图4—5所示。

经营领域		风险所有者		日期	
项目		高	中等2	中等1	低
设置目标和关键水平	1	基本支持	经营重要	战略重要	战略极重要
对风险进行恰当分类	2	其他类	经营类	财务和合规类	声誉类
确定向上/向下的方向	3	商业机会	经营威胁	战略威胁	战略危机
确定授权水平	4	小组层面	企业管理	执行管理	董事会层面
确定控制监督水平	5	基本程序（监督者）	每月复核（经理）	持续监控（经理）	持续监控（执行官）
设置风险触发器水平	6	承担管理风险	承担边际风险	边际警告	风险规避

图4—5　完整的风险容量模型

模型各个新的方面被描述如下。

设定控制的监控水平

1. 水平

我们的第一个标准是设定控制的监控水平。低水平监控意味着我们具有较高的风险容限。否则，说明我们需要较高水平的监控。对即将面临挑战或发生错误的领域，我们将请职员做简单的记录。对经营领域则没有这样的要求，因为经营领域基本没有受到来自外部的挑战，因此应给予其较高的风险容限。职员在标记一个账户前，应与同事复核。在决定哪个领域需要这样做时，我们需要设定风险容限，并判断需要更多还是更少的监控。这是风险管理的精髓，即控制的监控程度取决于所定义的风险容限的水平。此外，控制是为了使执行官设定方向，然后再充实该方向，以指导完成工作和提供服务的方式：

> 控制活动通常涉及两个要素：建立我们应该做什么的具体政策及影响政策的程序。[23]

模型认为，控制的监控水平应被分为如下四类：

- 高的风险容限：监督者的基本程序。高风险容限主要是以团队领导和监督层面为基础的控制监控水平来予以证明的。例如，经营领域的工作产出应由初级管理者来决定，没有该层面之外其他人的监控。

- 中等 2 的风险容限：管理者的持续复核。对风险容限稍低些的事项进行复核是持续管理系统的一部分。在这里，我们认为有必要保证持续的信息流动以确保进展顺利。例如，来自生产线的质量统计持续报告可被纳入信息系统。因为任何潜在的问题都可能导致未减缓的风险和伪劣产品，这是很令人担忧的。

- 中等 1 的风险容限：管理者每月复核。我们转到较高的监控水平，即引起管理层关注的月度报告。这可能是针对经营领域的，因此应定期检查并加以标记。例如，由于需要严格约束经营，因此可按月向办公室报告顾客的投诉情况。

- 低的风险容限：执行官监控。最低水平的风险容限可被用于高层管理者参与控制监控的经营领域。例如，对于安全性薄弱的经营单元来说，正确地做每件事是非常重要的。管理者会要求其提供遵循公司程序的进度报告。

2. 设定风险触发器的水平

最后一个标准是为经营单元设定最重要的风险触发器。具有高水平风险容限的领域，需要少量的触发器，以确保其正在实施控制。反之，如果经营的重要部分所发生的问题并没有风险容量，则组织需要许多风险触发器。事实上，触发器是对风险容限的量化，是指当活动达到设定的触发器水平时，就要停止并向上报告。或者继续进行行动，然后再向上报告以引起注意并采取相应的行动：

> 在风险容限内经营时，可以向管理当局提供主体在其风险容量之内的过多保证，也就为主体实现其目标提供了更高程度的保证。[24]

可以按照设定及处理触发器的方式来评估风险容量。COSO 描述目标、风险容限和偏离之间的关系为：

> 风险容限与主体的目标有关。风险容限是相对于实现一项具体的目标而言的，对于可以接受的偏离程度，通常最好采用那些与度量相关目标相同的单元来进行度量。[25]

关于触发器的水平，模型提出如下四种：

● 高的风险容限：冒险。对于没有设定实际触发器的经营领域，不再施加持续的干涉，没有限制就可实现许多目标。例如，成立项目小组并使其开始工作，应在 6 个月后再反馈报告，在此 6 个月期间不应进行反馈报告。

● 中等 2 的风险容限：稍微冒险。该水平涉及干预的程度。事实上，项目可以包含少量的例外报告。该报告产生于此 6 个月的期间内，从而使得管理当局能够看到项目的进展情况。

● 中等 1 的风险容限：稍微谨慎。如果建立大范围和大量的触发器，则我们将提供较少的风险容限。在项目中，会设计一系列（比如 10 个）关键指标，并就这些指标向管理当局报告，因为有必要确保失败的可能性较小。

● 低的风险容限：避免风险。如果对绝大部分经营方面都设定了丰富的触发器，则任何偏离都会出现在管理当局那里，以使其迅速采取行动，那我们也就避免了风险。重要的项目可提供每周的更新报告，具体内容包括进展、偏离计划、节约或超支、用户满意度以及其他触发器，以提供保险的复核机制。

我们很少建立一项风险标准。我们更多的是建立多个风险标准，并使其共同来界定所处领域的风险容限。风险并非遵从一套标准的行为模式，正如下面的指南所明确的：

> 根据历史风险评估来设定评估标准，会导致下述问题：[26]
>
> ● 在一种环境中需要处理的风险，在另一种环境中则不需要处理。
>
> ● 在过去曾是"可接受的"风险，但如果使用现行的分析方法并考虑现行的风险容限水平，则可能会成为不可接受的风险。
>
> ● 背景风险在不同的情况下（如在不同的国家）会有所不同，而其产生了一个问题，即评估标准是否应适合当时的情况，而不必适用于全球。

这些问题的结果是，除了可获得的风险数据之外，还应运用政治或经济知识判断。

正如本章开头所言，风险容量的概念对内部审计师而言有如下几重含义：

（1）在能够执行胜任的审计工作之前，内部审计师需要解决管理当局工作的风险水平：

> 在评估控制之前，管理当局应该决定他们在被复核领域所愿意承担的风险水平。内部审计师应识别该水平的风险是什么。这种识别应该致力于减少关键威胁对实现被复核领域主要目标的潜在影响。[27]

（2）内部审计师所评估的控制必须结合风险水平来实施，控制即意味着应致力于：

　　　　一旦决定了风险水平，即能够评估现行生效的控制，以决定将风险降低到期望水平的成功程度。[28]

（3）如果有现场协助，审计师也能同管理者一起工作，从而方便其理解将风险降至可接受水平的方式。

　　　　如果管理当局没有识别他们愿意承受的关键风险和风险水平，则内部审计师可以帮助他们。帮助的方式具体包括：组织风险研讨会并进行培训或者帮助组织使用其他技术。[29]

（4）审计师应促进对所形成的管理链的风险容限的关注：

　　　　若首席审计执行官确信高级管理者已接受的剩余风险水平可能是组织所无法接受的，则首席审计执行官应同高级管理者讨论此事。如果针对剩余风险的决策无法解决此事，则首席审计执行官和高级管理者应将此事报告董事会解决。[30]

4.7　小结

风险容量是高层管理者努力奋斗以求界定出在许多情况下尚很模糊的这样一个概念。通过如下五个步骤，可以得出组织的风险容量：

（1）建立模型，该模型试图抓住组织中各经营领域风险容量的特征，并将风险分为"低"、"中"和"高"影响/可能性这样几个固定的类别。"中"可被再分为两类，以避免将每件事都放在"中"这一类。

（2）使用该模型，定义用来衡量可接受风险水平的因素。

（3）对模型中的每个因素，根据哪些是可容忍的，以及哪些需要更严格的控制，来定义各因素应如何被划分为具有低、中或高水平的风险容限。

（4）使用该模型和已设定的表格，并针对经营的各个部分，来决定哪里的风险容限水平应为低、中或高。

（5）向管理者提供关于组织中每个部分可接受的风险容限水平的信息，以确保他们能够使用该信息来推动风险评估和风险管理的方式。例如，对财务错报有潜在影响的重大领域可能具有较低的风险容限，因此在公司层面和地方层面都需要设置较多的风险触发器。

请注意，附录 A 的检查表可被用来评估 ERM 系统的整体质量，也可以用来判断被用于支持和复核 ERM 过程的审计方法的类型。

注释

1. Lawrence B. Sawyer, Mortimer A. Dittenhofer, and James H. Scheiner, *Sawyer's Internal Auditing*, 5th ed. (Orlando, FL: Institute of Internal Auditors,

2003）, p. 129.

2. Institute of Internal Auditors Standard 2110.

3. Institute of Internal Auditors, Glossary of Terms.

4. *Ibid.*

5. Institute of Internal Auditors, UK & Ireland, Glossary.

6. *Ibid.*

7. Institute of Internal Auditors, UK & Ireland, Position Statement 2004.

8. Institute of Internal Auditors, Glossary of Terms.

9. Committee of Sponsoring Organizations, *Enterprise Risk Management*, September 2004, p. 28.

10. Australian/New Zealand Standard: Risk Management Guidelines AS/NZS 436: 2004, p. 21.

11. Committee of Sponsoring Organizations, *Enterprise Risk Management*, September 2004, Executive Summary.

12. *Ibid.*, p. 39.

13. Australian/New Zealand Standard: Risk Management Guidelines AS/NZS 436: 2004, p. 23.

14. Institute of Internal Auditors, Glossary of Terms.

15. Committee of Sponsoring Organizations, *Enterprise Risk Management*, September 2004, Executive Summary.

16. Peter L. Bernstein, *Against the Gods: The Remarkable Story of Risk* (Hoboken, NJ: John Wiley & Sons, 1996), p. 105.

17. Institute of Internal Auditors, Standard 2110. A2.

18. Institute of Internal Auditors, Glossary of Terms.

19. Australian/New Zealand Standard: Risk Management Guidelines AS/NZS 436: 204, Foreword.

20. Committee of Sponsoring Organizations, *Enterprise Risk Management*, September 2004, Executive Summary.

21. Lawrence B. Sawyer, Mortimer A. Dittenhofer, and James H. Scheiner, *Sawyer's Internal Auditing*, 5th ed. (Orlando, FL: Institute of Internal Auditors, 2003), p. 128.

22. Australian/New Zealand Standard: Risk Management Guidelines AS/NZS 436: 2004, p. 22.

23. Committee of Sponsoring Organizations, *Enterprise Risk Management*, September, 2004, p. 64.

24. *Ibid.*, p. 40.

25. *Ibid.*, p. 20.

26. Australian/New Zealand Standard：Risk Management Guidelines AS/NZS 436：2004，p. 67.

27. Institute of Internal Auditors，Practice Advisory 2120. A4—1.

28. *Ibid.*

29. *Ibid.*

30. Institute of Internal Auditors Standard 2600.

第5章 控制风险自我评估

以风险评估的结果为基础，内部审计活动应评估控制——包括组织的治理、经营和信息系统——的充分性和有效性。

IIA 准则 2120. A1

5.1 引言

控制风险自我评估（CRSA）是支持 ERM 的有力工具。CRSA 是指让管理者和工作团队自我评估风险和控制，典型的例子即是在风险研讨会或培训会议中开展控制风险自我评估。ERM 是大局，而 CRSA 则是可促进良好 ERM 运作的工具之一。图 5—1 说明了这一点。

ERM	CRSA
由董事会会议室发起	管理工具
覆盖所有风险	覆盖特定风险
由风险政策推动	由改善经营的愿望推动
风险概念主要针对整个企业	风险研讨会主要针对风险和控制
以公司风险报告系统为基础	以地方的风险登记簿为基础
在整个组织内运作	在企业的特定部分运作
ERM 由 CRSA 支持	CRSA 靠 ERM 推动
复核整个控制系统	复核特定控制
由董事会进行协调	由风险倡导者进行协调

图 5—1 ERM/CRSA 比较

上述比较的要点在于 CRSA 并不是 ERM，而仅仅是 ERM 的一部分。仅仅是审计师感到存在良好的 CRSA 计划的话，这并不能意味着一定会导致良好的 ERM。CRSA 的重点是人以及人应如何工作。许多重要人物都给予 CRSA 积极的评价：

从出现至今，CRSA 已经迅速传遍全球，现在正以多个面孔——如 RSA，QSA 等——示人。CRSA 在多家企业、政府、健康、教育、国际多边组织、非营利机构里广泛实行。在所有这些地方，数以千计的客户将其视作新鲜的空气，并给予好评。为什么？也许是因为我们现在问的正是他们自己的世界——真实世界——的问题，并确认他们的专长。也许也是因为我们开始理解促使组织成功的根源是人，而不是程序。[1]

审计师对 CRSA 存在既得利益，因为如果它行之有效，则意味着审计过程能被加入到初始行动之中，并被看做进行广泛审计测试和分析的捷径：

> 内部审计师对某些 CSA 程序的投入是相当重要的。这可以是发起、设计、实施并实际上拥有该过程，从事培训、补充促进、抄写和报告、参与管理当局和工作团队的策划等。在其他 CSA 程序中，内部审计师只进行最低程度的参与，即作为整个过程的利益相关方及咨询者，并作为团队所做评估的终极审核者。在绝大部分程序中，内部审计师对组织 CSA 工作的投入位于上述两个极端之间。[2]

5.2　控制风险自我评估模型：阶段 I

CRSA 不只是发生而已。如果有任何可以获得成功的机会，就必须认真计划并开始 CRSA。我们的模型开始于 CRSA 程序的开始阶段，如图 5—2 所示。

图 5—2　CRSA 模型：阶段 I

模型各个新的方面被描述如下。

5.2.1　董事会风险政策

董事会应设计公司的风险政策。正是该政策规定了 CRSA 是什么，以及其应如何在组织中应用。定义 CRSA 的一个好开端即是 IIA 职业指南：

> 包含自我评估调查和风险研讨会培训的方法被称作 CSA。在管理者和内部审计师合作进行评估和评价控制程序时，该方法是有用和有效的。[3]

5.2.2　公司风险评估

某些组织制订了 CRSA 事项的计划，并使人们继续 CRSA。然后，这将导致口袋资料和详细报告。这些口袋资料和详细报告很难以任何有意义的方式被汇总到一起。最好是建立共同的主题，然后鼓励 CRSA 计划来源于这些主题，并反馈至这些主题。为支持该观点，好的建议是建立高水平的公司风险评估，以识别董事会层面前 10 项或前 12 项风险。对于后续企业中不同部分的风险管理，这将给予必要的方向。例如，如果董事会认为财务不当和雇员舞弊是重大事项，那么该因素应被构建到 CRSA 事项中，并在进行经营风险概括时，要求人们对滥用风险和不规范风险现象进行评论。但是，如果董事会关注安全问题，那么该主题可被用来推动 CRSA 计划的方向。如果董事会选择关注成为更好的公司所应负起的社会责任并将其作为前进的方向，则会看到该主题将被推动到组织的不同经营单元之中，从而要求每个经营单元处理好风险以实现良好的社会责任。最后一个例子是，公司比较关心雇员的胜任能力以及是否已安排连续的计划，而上述问题可以被纳入任何风险研讨会并进行讨论，从而使其在整个企业中获得发展。公司优先权和经营决策之间的联系是比较重要的，这意味着人们应对其工作负责。

自我评估方法的结果是：[4]

- 经营单元的人们应受到培训并获得经验，具体内容包括风险评估、将控制过程与管理风险及改善实现经营目标的可能性联系起来。
- 非正式的软控制更容易识别和评价。
- 人们有动机承担其经营单元控制过程的"所有权"，而工作组所采取的正确行动通常会更加有效和及时。
- 组织的整个目标—风险—控制基本架构将受到更多的监控和持续的改善。

5.2.3 审计/风险委员会

模型的下一部分是审计/风险委员会的职责。审计委员会的重要性已被正式确认：

审计委员会是个监督委员会，并没有进行日常经营的责任，且原则上由非执行董事组成。因此，审计委员会是复核公司风险管理过程的理想选择。此外，21 世纪的审计委员会必须配有独立董事，且至少应有一位成员具有财务方面的专业判断力。事实上，现行财务管理方法的复杂性，使得具有一定程度的财务知识成为对大部分审计委员会成员的强制性要求。[5]

审计委员会成员需要了解在其权限范围内的风险管理过程的缺陷，并为这些报告建立明晰的标准：

接受缺陷报告的各方有时会提供关于应该报告什么的具体指令。例如，董事会和审计委员会可以要求管理当局或内、外部审计师只沟通这些满足特定门槛或严重性或重要性的缺陷。[6]

对于在纽约股票交易所上市的公司而言，现在应确保它们的审计委员会讨论有关风险评估和风险管理的政策。

5.2.4 开始

模型的最后部分是确保 CRSA 得以正确开始的步骤。对于糟糕的 CRSA 计划所面临的危险，已经发布了如下警告语：

CSA 既是简单的，又是相当复杂的。说其简单，是因为其使具有相同目的、可以经验共享的人们走到一起，来识别改善的机会。但是，包含人的任何过程又都是复杂的，还会受超越了促进者知识面的现在和历史事项的影响。因而，会有许多陷阱，使无知和无经验的人们落入圈套。[7]

设计和实施 CRSA 有多种不同的方式：

用于 CSA 过程的多种不同方式，反映了组织在行业、地域、结构、组织文化、雇员授权程度、主导的管理风格、形成战略及政策的方式等方面的不同。[8]

某些规模较大的组织会在一或两个部门进行小的试点工作，以测试主要计划开始的方式，而在其他部门则使用集体参与的方式。下面的案例研究说明了应如何采用 CRSA 的一个方法。

案例研究 <center>**风险管理乃当务之急**</center>

一家大的建筑公司编制了详细的风险管理手册。该手册覆盖了风险识别、管理和报告的各个方面，特别是与项目管理有关的部分。风险管理过程被看做是整个组织都应采纳的既定程序。同时，工作人员还参加了以手册为基础的广泛的培训计划。风险管理被看做是"必须做"的过程，而不是"可以做"的概念。

5.3 控制风险自我评估模型：阶段 II

到目前为止，我们所处理的组成要素都是在 CRSA 计划开始前，就应该到位的。现在，我们来处理必须得解决的问题，以获得明晰的方法。使用该方法可确保企业风险管理遵循系统的方法。我们的模型继续如图 5—3 所示。

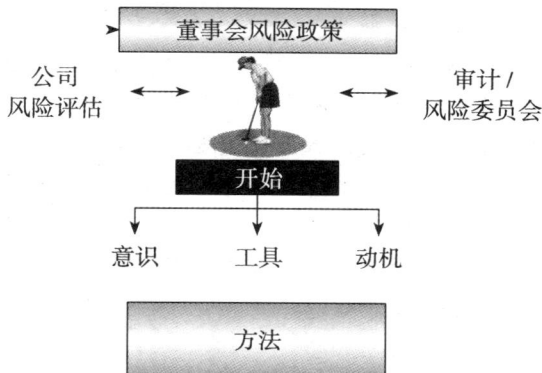

图 5—3 CRSA 模型：阶段 II

模型各个新的方面被描述如下。

5.3.1 意识

正是因为人们出席风险研讨会，并花费几个小时来讨论他们所面临的风险和如何应对较大的风险，然后才回到他们的日常工作之中，所以许多 CRSA 的初始行动失败了。如果问到经验，许多人会说它是有用的。但是他们并没有真正理解 CRSA 有何潜在的不同，以及应如何适应广泛的 ERM 和治理安排。事实上，有些雇员尚未真正理解风险循环以及风险循环应如何被应用到日常工作之中。下面的例子展示了员工对 CRSA 重要性的认识。

案例研究　　　　　　　　　　　　使用在线资源

在一家金融服务公司，公司互联网被看做主要的风险管理资源。雇员以有组织的方式思考在线展示、广播信息、案例研究和政策声明。这些在线资源以需要为基础。应使用与工作无关的例子（如一群朋友计划在海外度假）来做极具吸引力的说明，以传达风险管理的基本要素，具体包括背景设定、接受、风险识别、评估和管理。资源应由电话帮助热线来予以补充。

5.3.2 工具

CRSA 是使人们理解他们自身所面临的风险和复核他们已实施的控制，并对任务应用有用的工具和技术。许多 CRSA 的实践者确信，CRSA 有三种主要方法：问卷调查、风险研讨会和管理当局所做的复核：

CSA 计划的三种基本形式是对团队进行培训的风险研讨会、调查和管理当局所做的分析。组织通常会结合使用上述方法。[9]

本章稍后部分将讨论风险研讨会。关于问卷的使用，《实务建议》接着讲道：

CSA 的调查往往采用最简单的"是—否"或"有—无"问题的问卷形式。应仔细书写问题，以便于目标接受者的理解。调查通常会被用于预期受访者甚多或分布广泛而无法参加风险研讨会的情况。在下述情况下，也可优先使用该方法：组织文化阻碍在风险研讨会上进行公开、坦率的讨论，或者管理当局希望使收集信息所花费的时间和成本最小化。[10]

管理当局所做的分析被描述如下：

被称作管理当局所做的分析的自我评估形式覆盖了管理当局所采用的其他大部分方法，以形成关于被选择的经营过程、风险管理活动和控制程序的信息。[11]

另一个 CRSA 工具是控制模型，可被用于关注如下讨论：

所有自我评估计划的基础是管理者和工作组成员能够理解风险和控制的概念，并使用这些概念进行沟通。对于培训会议而言，为了使在风险研讨会上所展开的讨论能够充分互动，以及作为对完成整个过程的检查，组织通常会使用控制框架，如 COSO 和 COSO 模型。[12]

5.3.3 动机

由于人们对 CRSA 没有真正的兴趣或不相信风险管理工具会有助于人们的工作，因此许多 CRSA 计划失败了。本模型包含员工的动机，因为在很多情况下其都取决于人们是否使用该概念。下面的例子说明了每个人都产生动力并能够接受的重要性。

案例研究　　　　　　　　　动态领导的重要性

在一个风险研讨会上，领导表现出傲慢和无聊。他坚持定义风险一词的历史根源，并详细解释"我们不知道我们不知道什么"的观点已构成了真正的威胁。事项被拖延了数个小时，且根本没有被很好地接收。风险研讨会的领导对风险和风险管理技术有着深刻的认识，但没有兴趣或能力集中精力于授权。因此，术语"风险研讨会"对这些雇员来说意味着可怕。

如果员工们能真正接受，CRSA 就会有很大的不同：

咨询小组的方法在下述情况下是有用的：有助于界定恰当的背景，有助于确保风险已被有效地识别，将不同领域的经验集中起来以分析风险，确保在评估风险时恰当考虑了不同的观点，在处理风险时恰当地改变管理当局的观点。参与还允许管理者拥有风险的"所有权"，允许雇用利益相关者。这些人得以欣赏特殊控制的好处，欣赏赞成和支持处理计划的必要性。[13]

5.3.4 CRSA 方法

另外一个关键的问题是需要建立明确的 CRSA 方法。如果应用风险研讨会，则为了真正有用，就必须按某些标准形式来做。有些组织会依赖专家和促进者的到场来推动 CRSA 运行和应用的方式。如果促进者离开或厌烦了，整个计划就会受挫。最好是建立明确的方式来执行 CRSA 事项，并确保组织采用该方式；也可设定某些正式的原则，并确保 CRSA 风险研讨会——尽管各个部分可能会有所不同——都落在这些原则的限制范围之内。

5.4 控制风险自我评估模型：阶段Ⅲ

我们需要增加几个考虑因素（如控制文化和 CRSA 在组织中应用的方式）来丰富一下我们模型的 CRSA 部分。我们的模型继续如图 5—4 所示。

模型各个新的方面被描述如下。

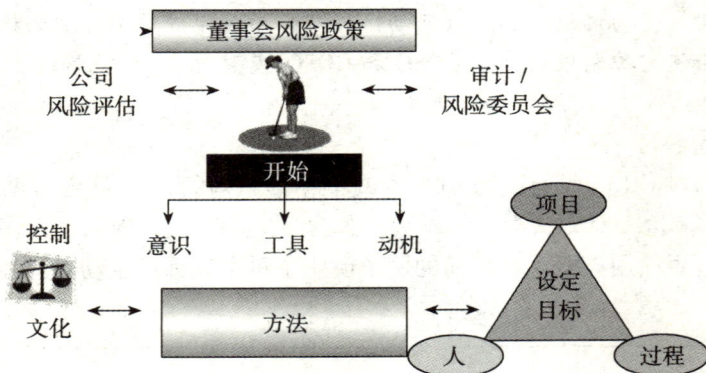

图5—4 CRSA 模型：阶段Ⅲ

5.4.1 控制文化

控制文化或控制环境对 CRSA 过程有着重要的影响，因为控制文化的状态会影响 CRSA 的应用方式。良好的文化会促使人们使用 CRSA 来准确地指出这些需要评估和解决且很难把握的风险。在这种情况下，CRSA 只是被简单地视作一套工具，以统一人们管理企业风险时所获得的经验水平。糟糕的文化有较低的起点，可使用 CRSA 来简单地促进更好的风险意识的形成，并促进应用控制来改善成功机会的方式的形成。控制环境被描述如下：

关于控制在组织中的重要性，董事会和管理当局所持的态度和行动，控制环境提供了实现有关内部控制系统基本目标的纪律和结构。控制环境包括下列因素：[14]

- 诚信和道德价值观。
- 管理当局的理念和经营风格。
- 组织的结构。
- 权力和职责分配。
- 人力资源政策和实务。
- 人员的胜任能力。

请看下面的案例研究：

案例研究　　　　　　**同关键的利益相关者沟通**

某组织没有使其关键的管理者和相关人士参加风险意识研习班，因此他们不具备进行风险管理和报告的胜任能力。这意味着许多没有参加研习班的人会变得比较保守，并阻碍审计师履行职责，因为他们会觉得自己被曝光了，并不理解人们只能在相应的环境中尽可能地多做，而不能完美地去做一切事情。结果，许多资深人士并不是在利用审计人员的专长来帮助他们，而是在设置障碍。由于其缺乏对整个审计、风险和控制过程的理解，因此会导致审计师被视作敌人。

5.4.2　设定目标

我们已经提及目标在风险管理中的重要性，而这对 CRSA 来说同样适用。COSO 详细解释了其对风险管理所下的定义：

它抓住了对于公司和其他组织来说在如何管理风险问题上至关重要的关键概念，并为不同组织形式、行业和部门的应用提供了基础。它直接关注特定主体既定目标的实现，并为界定企业风险管理的有效性提供了依据。[15]

同雇员团队一起工作，从而使他们按照设定和实现目标的方式开始理解和管理风险。关注人们能够实现什么，这意味着调查和风险研讨会同管理当局的复核一样，有助于告诉人们在工作时哪些是重要事务。这同将风险含糊地理解为厄运和可能的外部攻击的笼统混合，形成了对比。目标驱动的方法对于推动 CRSA 发挥最大潜能来说是很有用的。《实务建议》将目标、风险和控制之间的均衡关系描述为：

培训团队收集来自代表经营单元或职能部门不同水平的工作组的信息。风险研讨会的形式以目标、风险、控制或过程为基础。[16]

本模型的下一部分包含三个 P：项目（projects）、过程（processes）和人（people）。为了易于应用，我们可以将 CRSA 风险研讨会分为这样三种基本的类型。

5.4.3　项目

CRSA 可被用于促进典型组织对各种项目的风险评估。大多数项目管理系统，一开始都打算将风险评估方面构建到该系统设立和经营的方式之中。问题是，诸多类似的系统将风险评估看做在开始时进行的一次性操作，然后其还会生成一个长期的文件，以记录所有大的风险和风险战略。CRSA 将风险识别和评估的概念构建到团队成员工作的方式之中，并出现在工作的所有阶段。这也就意味着，风险评估被囊括进来，而不是由项目经理来完成繁重的书面工作。

5.4.4　过程

使用 CRSA 的另一种方式是将其应用到贯穿于组织的整个过程之中。诸如员工招聘的方式、质量检查的方式、确保 IT 系统安全的方式、新产品形成的方式、提供法定披露信息的方式等都来源于目标、风险和控制的过程。我们可以将关键人物和代表人物集中到一起，来复核目前有关过程目标的风险被管理的方式。

5.4.5　人

为 CRSA 工作的最后一大类是人。CRSA 是非常灵活的工具，它可被用于软控制，如人们进行沟通的方式或工作人员信赖其管理者会给出良好建议和指导的程度。CRSA 还能被用于解决糟糕小组的工作实务，办法是界定在该问题中实现小组目标将带来的风险，以获得并就前进的方向达成一致。有些风险研讨会包含一线管理人员，而其他人则将此视作在没有管理人员始终在场的情况下，团队进行公开争论的一个机会。请看下面的例子。

案例研究   **界定管理当局的职责**

    一家生产企业使用加入会导致净增价值的标准，来决定经营单位的经理是否应参加团队风险研讨会。明确界定管理者的职责，具体包括在开始和结束时参加风险研讨会，或在整个时间段内参加风险研讨会。目标是在不破坏各级管理当局责任的前提下，鼓励所有的参与者充分参与。

关注团体以及人们在一起工作时可以实现什么，这是很重要的：

        在典型的 CSA 培训研讨会上，报告主要是在讨论中产生的。一组共识将记录各部门已进行的讨论，并在最后一次会议结束前，集体复核所提议的最终报告。有些计划将以不记名投票的方式结束，以确保在风险研讨会上的信息和观点可以自由流动，并有助于协调不同的观点和利益团体之间的差异。[17]

有些团队有正确的技巧，也具备动态的技术，但就是无法顺利开展工作。事实上，它们中的许多是沉默风险的牺牲品：

        沉默风险——之所以这样叫，是因为对于它们的出现和增长我们既看不见也听不到——是最危险的风险，仅仅因为其所固有的性质。它们在风险识别、评估和管理的过程中并未被发现，因此一旦它们发生了，我们也没有多余的时间去试图管理它们，从而会导致不加考虑且不恰当的防御手段，如"强烈反应"。希望沉默风险的发生不会导致灾难，也希望它的出现能为我们提供学习的机会。[18]

5.5 控制风险自我评估模型：阶段 IV

    我们需要在模型中增加几个项目，以使其更加详细，特别是在使用风险研讨会的方法时。我们的模型继续如图 5—5 所示。

    模型各个新的方面被描述如下。

5.5.1 KPIs

    建立了团队目标（或项目/过程目标）之后，在大家就风险集思广益之前，最好先设定一个背景。第一个背景问题是关键业绩指标（KPIs），这是团队努力的方向。如果不和工作的推动力联系起来，没有考虑评判团队的问题，那么讨论、辩论和评论都将变得模糊和不真实。团队应讨论设定和评价目标的方式，以确保考虑不周的指标不会导致风险。作为风险研讨会的结果，当行动计划开始集中时，这些计划需要与计划和评估团队工作的方式联系起来。人们趋向于对落在 KPIs 雷达范围内的问题作出反应，而对在此范围外的任何事情都当做看不见或者直接忘掉。

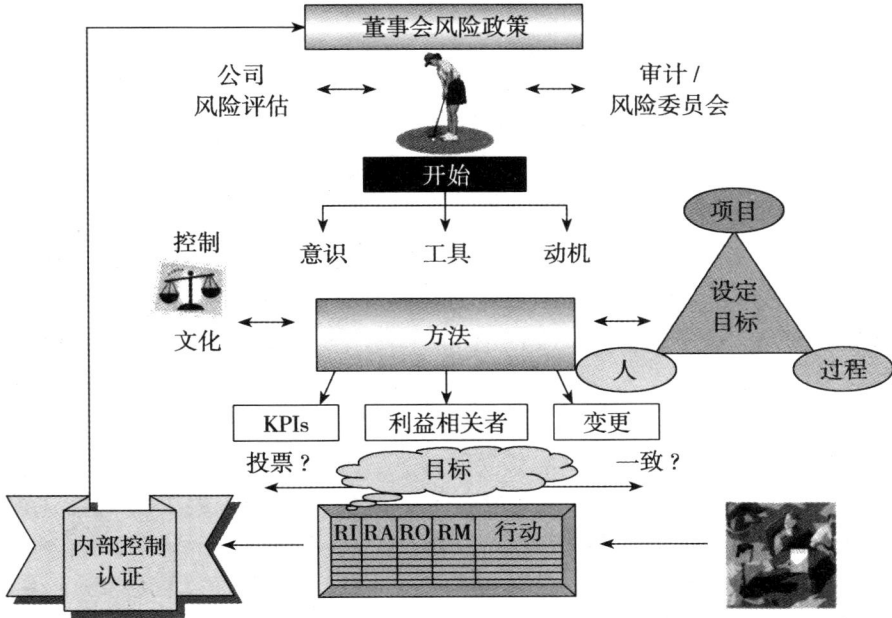

图 5—5　CRSA 模型：阶段 IV

5.5.2　利益相关者

在团队风险研讨会上，需要使人们知道的下一个问题即内、外部利益相关者的地位、期望和参与。公司治理正计划满足利益相关者的期望；而风险管理正试图实现这些计划，以提供商品。因此，CRSA 必须适应上述关系，以产生相应的影响。团队、项目和运作公司和经营过程的人必须正确判断利益相关者想要的是什么，它们还必须理解管理各种压力时所应采取的方式。事实上，应在这方面给予更多的时间，以扩展控制和分析风险的框架：

> 利益相关者喜欢以感觉为基础对风险作出判断。这会随着有关风险和被讨论问题的价值、需要、假设、概念和焦点的不同而有所不同。既然利益相关者的观点对所作的决策有着重要的影响，那么识别和记录他们对风险的感觉，并将其整合到决策过程之中将是非常重要的。[19]

前文曾引用过的澳大利亚、新西兰的风险准则，在我们讨论利益相关者时也是适用的：

> 其他人的参与，或者至少是看看其他人的观点，这是风险管理有效方法重要且关键的内容。另外，还应接触利益相关者，明确风险管理且使其基础更扎实，并增加组织的价值。它是尤其重要的，当利益相关者：[20]
> * 对草拟的风险应对的有效性施加影响。
> * 受到风险的意外影响。
> * 在评估风险时增加价值。

- 发生额外成本。
- 受未来风险控制的限制。

5.5.3   变更

组成背景框架的最后一个方面是变更。变更程序，战略规划，合并、缩减、扩张规模的提议，重新分配经营部分，这些都属于员工日程表的一部分。这也是大部分工作人员最为关心的问题。他们还会受到这些问题不同程度的影响。如果风险研讨会并不知道已发生、将要发生或只是简单提及上述变更，那么人们就会错失谈论真正风险的机会，而不仅仅是错失谈论与程序和记录有关的标准项目的机会。

5.5.4   RI、RA、RO、RM、行动

模型的下一个项目即是所谓的风险循环。CRSA 风险研讨会应使人们以能够被记录到风险登记簿之中的方式来通过各标准阶段。这些阶段具体包括风险识别（RI）、风险评估（RA）、定义风险所有者（RO）、和风险管理（RM）。然后，人们会通过风险循环得出意见统一的行动方案（Action），以确保正确控制剩余风险，并对关键控制进行了功能性检查。这一风险循环可被用来形成使风险管理生效的专业方法，并覆盖处理向上和向下风险的所有方面。该方法遵从风险准则：

> 为了生成全面的风险名单，应使用开始于背景声明的系统过程。为说明风险已得到有效的识别，应该使用建立背景时所定义的关键要素，以有组织的方式依次开展过程、项目或活动。这有助于提供对所识别过程是完整的且并未错过重大问题的信心。[21]

好的促进者能够使 CRSA 群体共同为风险打分，并提出处理高风险的方式。高风险会潜在地影响目标的实现能力，而且如果不加以控制可能还会有所增长。标准的风险登记簿包括如下细节：

- 引文。
- 风险描述。
- 类别。
- 风险所有者。
- 现行减缓的充分性。
- 剩余风险的影响。
- 可能性。
- 近来风险状况的变化。
- 行动计划。
- 复核时间。

5.5.5   框图

模型右边的框图与有效的培训有关，它在 CRSA 过程中很重要。许多 CRSA 程

序因为需确保其所应用的培训的质量而成功或失败。对 CRSA 风险研讨会的主要批评是，在开始时人们表现很好，但之后人们因陷于细节和性格冲突而开始变得拖拖拉拉起来。适用于培训研讨会的下述基本原则可被应用于 CRSA 事项：

- 确信风险研讨会有着明确的目标，且该目标被建立在授权人们有能力控制正确工作的基础之上。
- 使参与者明确从所花费的时间中可以获得什么，以此来鼓励参与者。我们可以使用建筑模型，并从基本概念开始，逐渐将其发展成为一个可行的系统。事实上，只要人们能看到细节，他们并不介意细节是如何配合大框图的。
- 确信有简单的方式来捕捉来自事项的所有相关信息、协议和评论。风险登记簿是记录信息的好方式。上述信息使群体通过识别、评估和行动这样一个风险循环，来帮助管理不可接受的剩余风险水平。
- 保持挑战因素，鼓励人们走出自己的舒适区。我们可以消除多余的控制，这应被设定为挑战性任务。识别风险时，群体应从基本风险开始，然后再扩展到那些未被明确定义的风险。另外，还应告诉群体成员，他们的工作会被内部控制系统予以正式报告，可能还会受到外部复核机构的复核。
- 关注氛围，构建鼓励积极和开放沟通的途径。事实上，这更多地依赖于良好的倾听技巧，而人们可以通过锻炼掌握该技巧。少数霸道、专横的参加者试图接管事项，应认真对待这种倾向。当促进者提出问题并目视某人时，则应由他（或她）本人来回答；反之，则应由其他人来回答。
- 如果无论何时都可以对当天及之后的情况有着清楚的图景展望，则人们会感到更舒服。结构良好的风险研讨会可以使群体以理性的方式通过风险循环。如果打算从一开始即运行风险循环，则促进者可在运行图上标明群体的进展情况，并在各部分之间建立联系。
- 确信是在风险政策的范围内设定培训，这样促进者可以简短地展示风险政策以及 CRSA 事项是如何配合广泛的 ERM 概念的。没有风险管理知识的促进者则需努力。
- 确信明确的培训不仅可以推动人们向着具体的目标前进，还可以使人们想要并有能力实现该目标。有些促进者还创建了一组由成员编制并采纳的协议。
- 确信有合适的人选成为董事会成员，并参与 CRSA 事项。许多风险研讨会的领导会同群体成员保持联系，CRSA 事项可以使他们理解风险管理过程和如何解决人们所关心的问题。
- 理解并告诉人们哪些事项应在风险研讨会的管理范围内，哪些事项应在其管理范围之外。例如，计划若是用于协商给团队加薪的，那么 CRSA 事项就不会是编制该计划。事实上，该计划可被用来确保团队的有效性。这一点对团队来说是有用的，但风险研讨会应保持公正并执行地方政策。
- 对于好的风险研讨会来说，其节奏往往也把握得比较好。如果风险研讨会进展得太快，则人们会跟不上；而如果太慢，人们又会厌烦。好的促进者会不断地检查节奏，并在必要的时候鼓励群体改变节奏。

● 当某些群体为特殊任务而集中到一起时，他们会通过各个阶段。当人们感到已位于动力基地周围时，他们便开始行动，并找出他们适合的地点。在经历了某些压力之后，他们会融入到积极的工作状态之中，然后随着能力水平的降低而逐渐放缓工作速度，并想要移到新的工作场所。促进者能判断这些阶段，处理压力，探索积极性，并在工作能力降低时开发新的挑战。

● 集思广益是个有用的工具。如果要解决不同的目标，群体可被分成小的群体。应鼓励人们提出更多（指数量而非质量）的想法，并支持他们提出所有未加判断的新想法。

● 对于安静的群体来说，可以引述之前在风险研讨会部分所做的分析，并将其作为讨论的框架。为了有助于鼓励讨论，可要求群体成员谈论其有关具体问题的经验。促进者可以做展示，并让安静的群体继续探讨。对于比较活跃的群体，促进者则可以安静一点（如坐下来，避免目光对视），并允许较高的活力水平来推动群体的继续探讨。

● 当人们提建议时，捕捉住该信息。另外，还应要求群体建立标准，用以评估是否采纳该建议。这是很有趣的一点。好的促进者会专心于风险研讨会目标的实现过程，但所商定的实际内容应属于群体，而不属于促进者。对于 CRSA 风险研讨会来说，并没有固定的规则。如果需要解释复杂的问题，则可以邀请专家给群体做简要的解释。如果群体非常喜欢安逸，利用公司对外宣称是错误的、其实是可靠的诱饵，那么促进者可制止他们的行为，并要求其做现实的检查。只要能实现风险研讨会的目标，并保护人们的自尊，可以应用多种不同的技术。

● CRSA 的主要目标是授权人们从事风险和控制事务，从而使他们能够向前移动并报告所做的努力。如果这一点能被保留在每个人的心中，则可实现很多目标。

5.5.6 内部控制认证

模型此阶段的最后部分是向上报告控制状态的任务。这一点真的很重要，因为它可以使人们聚在一起聊天，谈论什么会有助于他们获得成功和应以什么样的方式来获得。其实，这是一回事。但在这样做时，必须结合影响所有类型组织的正式的控制披露要求：

> 内部控制是企业风险管理中不可分割的一部分。本企业风险管理框架
> 涵盖内部控制，并构建了一个更强有力的概念和管理工具。[22]

好的 CRSA 通常即意味着好的内部控制复核，并有望导致有效的控制安排。管理者使用 CRSA 来帮助他们判断内部控制，因此审计师能复核这些有助于改善控制的方式：

> 尽管促进者和专家已向职员提供了对 CRSA 程序的支持，然而内部审
> 计活动依旧发现这将导致减少收集控制程序信息的努力，以及对某些测试
> 的取消。[23]

同时，审计师的职能对管理当局内部控制报告被理解的程度有着根本性的影响：

> 内部审计师应遵循《萨班斯—奥克斯利法案》第 302 节的过程，以及符合第 404 节而建立的程序。这些过程或程序都是关于管理当局内部控制年度评估和公开报告的……如果管理当局执行自己的控制评估，然后将其作为形成意见的基础，那么内部审计师应对管理当局所做的评估和支持记录进行评价。[24]

5.6 控制风险自我评估模型：阶段 V

还有另外几个事物出现在我们的 CRSA 模型上，以帮助我们绘制 CRSA 如何在组织中被联系在一起的最后框图。我们的模型继续如图 5—6 所示。

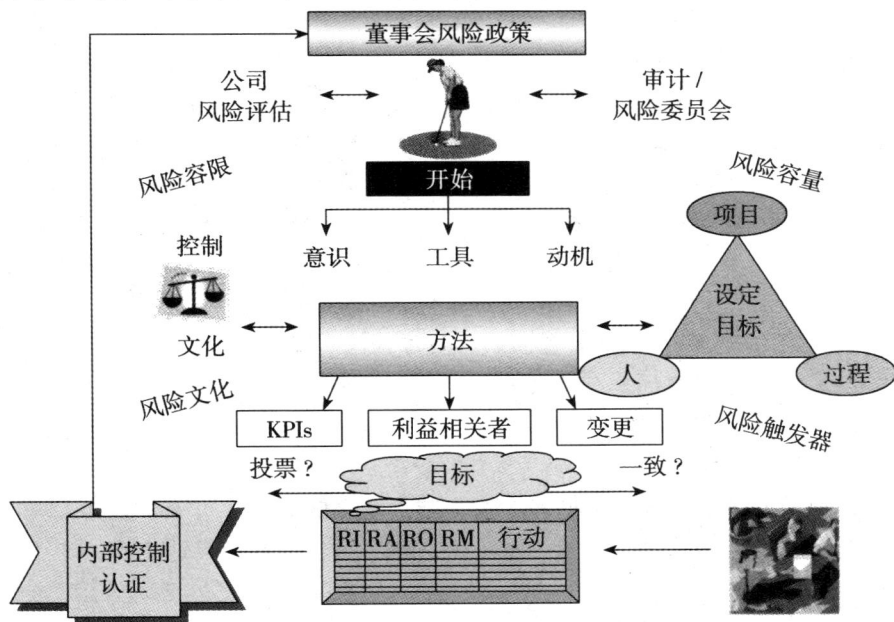

图 5—6 完整的 CRSA 模型

模型各个新的方面被描述如下。

5.6.1 风险容量

现在，我们转到风险容量的话题上来。就公司风险容量而言，进行高水平的讨论，并认为职员会理解此概念，这是不够的。还应给职员以明确的指导，从而使他们理解 CRSA 能使风险暴露落在董事会全部风险容量的范围之内。职员们还应理解其工作的不同要素会吸引不同的风险容量。例如，用以帮助决定风险容量水平的框架应包括如下方面：

- 企业家方面——高风险容量。
- 财务报告——低风险容量。
- 质量问题——低风险容量。
- 变更程序——中等风险容量。
- 保险能力——针对有较好保险安排的领域，为中等风险容量。

因此，CRSA 可被用于关注剩余风险干预企业实现目标以及获得成功的能力：

> 通过辅助管理当局履行职责，建立并保持风险管理和控制过程，以及评估该系统的充分性，CSA 程序增加了内部审计活动的传统职责。关于控制过程如何发挥作用以及剩余风险的重要性等问题，内部审计师和经营单位以及职能部门会通过 CSA 程序来相互协作以生成更好的相关信息。[25]

5.6.2　风险容限

总体风险容量需要被转化为不同经营部门各自的风险容限，这也是内部审计师需要考虑的重要因素：

> 内部审计师的重要背景问题即是，作为一个整体的组织的风险容限问题。这是公司文化的内在部分，通常会被看做风险管理框架的一部分而被加以解决。如果组织的管理当局已确定风险容限水平，那么内部审计师应使用该风险容限水平。如果其尚未确定，则内部审计师应在咨询管理当局后运用自己的判断。风险容限水平可能会因组织部门的不同而有所不同。[26]

在设定风险容限时，管理者、团队成员和修改者需要考虑以下方面：

- 设定重要性水平。
- 过去的问题和成功的经验。
- 控制的充分性。
- 是否需要更多的资源来处理优先领域，以降低重要性水平。
- 所展示风险的性质和类型——是否是外部的、经营的或财务的。
- 决策的方式。
- 建立新项目和新产品的方式。
- 所做的决策是否可以轻易改变。
- 面临法律诉讼。

再看看第 4 章的风险容量。尽管有效的风险管理能为企业的各个部门提供合理的保证，但这并不意味着就没有失败的可能，正如 COSO 所言：

> 换言之，即使实施有效的企业风险管理，企业也依旧可能经历失败。合理的保证并不是绝对的保证。[27]

5.6.3　风险文化

我们曾提到控制文化，其主要是指人们的行为遵循道德标准的程度。风险文化在 CRSA 工作中发挥着作用，因为背景可能为职员是对风险无知的或者是对风险敏感的——或者兼具上述特点。对风险无知的 CRSA 事项，涉及进一步的培训和正式的风险研讨会，从而方便人们理解同风险打交道时所涉及的问题。对风险敏感的文化则意味着，应根据新的发展情况，使用较短的一小时会议来更新风险状况。

5.6.4　风险触发器

模型的最后一个要素是风险触发器。CRSA 活动，无论是否由正式的风险研讨会、简短调查或者管理当局对控制的检查所组成，都需要一套机制，在进行风险突破和应对时，以触发器进行干预。下面的例子有助于说明这一点：

案例研究　　　　　　　　　**CRSA 和企业计划**

在一家企业，风险管理被视作经营计划的一部分，并被构建到建立、实施和复核计划的方式之中。如果信息在地方办公室之外被向上报告，则应定义关键风险触发器，并通过业绩管理系统来监控其进展情况。

如果所涉及的风险水平值得更高水平的关注，则与审计师有关的一个主要触发器即是加速报告审计发现：

> CAE 应考虑通知董事会以前报告的重要观察和建议是否恰当。在高级管理者和董事会可以接受不纠正报告情况所带来的风险的情况下，如果再发生组织、董事会、高级管理者或其他变更，则其将变得特别必要。[28]

5.7　小结

控制风险自我评估是动态的经营工具。可用来促进良好的 ERM 过程，应考虑在所有的组织中使用。考虑 CRSA 过程的方式可通过以下五个步骤：

（1）形成使用 CRSA 的明确政策，以坚定地配合更广义的 ERM 政策。

（2）开始 CRSA 程序，重点关注意识、恰当的工具以及激励人们理解和使用该工具的方式。

（3）评估贯穿于组织且生效的控制文化，并评估使用 CRSA 来帮助形成对风险敏感的员工的方式。

（4）使用公司风险容量的概念以帮助人们决定他们在项目、过程中的风险容限，及其工作的方式。

（5）使用风险登记簿，以关注围绕风险循环的 CRSA 过程以及形成记录的必要性。这也为我们提供了更好的企业和内部控制认证。

请注意，附录 A 的检查表可被用来评估 ERM 系统的整体质量，还可用来判断用以支持和复核 ERM 过程的审计方法的类型。

注释

1. Lawrence B. Sawyer, Mortimer A. Dittenhofer, and James H. Scheiner, *Sawyer's Internal Auditing*, 5th ed. (Orlando, FL: Institute of Internal Auditors, 2003), p. 431.

2. Institute of Internal Auditors, Practice Advisory 2120. A1 – 2.

3. *Ibid.*

4. *Ibid.*, extracts only.

5. Neil Cowan, *Corporate Governance That Works* (Prentice Hall, Pearson Education, South Asia PteLtd, 2004), p. 111.

6. Committee of Sponsoring Organizations, *Enterprise Risk Management*, September 2004, p. 81.

7. Lawrence B. Sawyer, Mortimer A. Dittenhofer, and James H. Scheiner, *Sawyer's Internal Auditing*, 5th ed. (Orlando, FL: Institute of Internal Auditors, 2003), p. 430.

8. Institute of Internal Auditors, Practice Advisory 2120. A1 – 2.

9. *Ibid.*

10. *Ibid.*

11. *Ibid.*

12. *Ibid.*

13. Australian/New Zealand Standard: Risk Management AS/NZS 4360: 2004, p. 11.

14. Institute of Internal Auditors, Glossary of Terms.

15. Committee of Sponsoring Organizations, *Enterprise Risk Management*, September 2004, Executive Summary.

16. Institute of Internal Auditors, Practice Advisory 2120. A1 – 2.

17. *Ibid.*

18. Neil Cowan, *Corporate Governance That Works* (Prentice Hall, Pearson Education, South Asia PteLtd, 2004), p. 40.

19. Australian/New Zealand Standard: Risk Management AS/NZS 4360: 2004, p. 11.

20. *Ibid.*, p. 21.

21. *Ibid.*, p. 39.

22. Committee of Sponsoring Organizations, *Enterprise Risk Management*, September 2004, Executive Summary.

23. Institute of Internal Auditors, Practice Advisory 2120. A1 – 2.

24. Institute of Internal Auditors, Practice Advisory 2120. A1 – 3.

25. Institute of Internal Auditors, Practice Advisory 2120. A1 – 2.

26. Australian/New Zealand Standard ： A Guide to the Use of AS/NVS 4360 Risk Management within the Internal Audit Process, p. 4.

27. Committee of Sponsoring Organizations, *Enterprise Risk Management*, September 2004, p. 207.

28. Institute of Internal Auditors, Practice Advisory 2060 – 1.

第6章 制定审计方法

内部审计师应识别、分析、评估和记录充分的信息，以实现业务目标。

IIA 准则 2300

6.1 引言

我们已使用不同的模型来描述开始在所有类型组织出现的风险管理和 ERM 框架。我们也考虑了诸如风险容量、风险循环等话题。我们现在来看审计风险管理过程中最重要的问题——决定该任务的方法。审计准则清楚地解释了审计工作的性质：

> 内部审计通过系统的、受过训练的方法，来评价和改善风险管理、控制和治理过程。[1]

在定义审计师如何增加组织价值时，我们可参考有经验的实务人员的建议。一位作者认为内部审计通过执行以下职能，可以增加风险管理环境的价值：[2]

- 复核贯穿于组织的风险管理过程和内部控制系统。
- 就可靠性、诚信、合规、保护、效率和效果，识别经营风险并评估用于减缓这些风险的内部控制。
- 通过扮演变革推动者的角色，内部审计师可以使相关组织重视"成本—效率"风险管理过程的形成和使用，并使相关组织获得最好的发展方略。

对风险的关注贯穿于审计工作的所有方面，这不再是新鲜事。战略复核、对风险管理作总体评估、对 ERM 框架的具体方面作详细评估，这都是正常的审计任务。特定的审计业务也应考虑相关的风险因素：

> 内部审计师应预先评估与被复核活动有关的风险。业务目标应反映该评估的结果。[3]

职业审计指南列示了核心审计职责应考虑的问题，包括：[4]

- 鉴证风险管理过程。
- 鉴证风险是否被正确评估。
- 评估风险管理过程。
- 评估关于关键风险的报告。
- 复核针对关键风险的管理。

除了核心审计职责之外，内部审计师还可以附加咨询、培训和持续的建议等项目，从而向董事会和管理当局提供全面的鉴证和咨询服务。内部审计师可提供一组服务，例如：

- 在企业建立良好的风险管理过程时，给予支持和建议。
- 持续复核风险管理框架，以报告该框架的可靠程度。
- 复核风险管理过程的某些方面，这有助于维持和改善其质量和影响。
- 为帮助企业解决 ERM 框架的缺陷提出建议。为企业找出风险超出控制的具体部门存在的问题，并提出改进建议。
- 就建立战略和经营层面的良好风险管理的进展情况，进行年度复核。应至少以年度报告的形式向组织报告审计工作的结果：

> CAE 就组织的风险管理和控制状态所作的报告在寻求组织目标中行进。该报告应参考内部审计的主要工作，还应参考用于作出整体鉴证判断的其他重要信息。[5]

关于审计职责的深入看法，审计职业指南巧妙地总结为：

> 评估组织现有的风险管理、控制和治理过程的充分性，其目的是证明：[6]
> （1）这些过程按照原计划发挥作用，是组织实现其目标的合理保证。
> （2）改善组织经营的建议，包括效率和效果业绩。高级管理者和董事会也可提供关于工作范围和被审计活动的一般指导。

在形成我们的模型之前，最后提及的是审计覆盖的范围。审计师支持所有使企业增长并帮助其完成约定任务的重要活动。但是，支持组织工作方式的其他重要考虑因素也是审计职能所提倡的。这些其他考虑因素被汇总纳入审计工作的一般范围：

> 以风险评估的结果为基础，内部审计活动应评价控制的充分性和有效性。控制包括组织的治理、经营和信息系统。这应包括：[7]
> - 财务和经营信息的可靠性和诚信。
> - 经营的效率和效果。
> - 保护资产。
> - 遵守法律、法规和合同。

这些年来，审计所发生的变化是惊人的。此外，审计发展的形式反映了人们对风险管理日益增加的兴趣。审计的发展经历了以下四个主要阶段：[8]

（1）以控制为基础的审计。
（2）以过程为基础的审计。
（3）以风险为基础的审计。
（4）以风险管理为基础的审计。

以如下方式来描述风险管理为基础的审计：

> 风险管理为基础的审计包含许多风险基础审计的特征，同时又扩展了对关键经营目标、管理当局的风险容限、关键风险计量或业绩指标以及风险管理能力的关注。另外，以风险为基础的审计主要关注减缓风险到可接受的水平，而以风险管理为基础的审计则考虑对实现经营目标有必要的最

优化关键风险。事实上，风险管理为基础的审计是成功的 ERM 程序的关键组成部分。[9]

6.2 审计方法模型：阶段 I

我们已经列示了审计工作如何配合风险管理框架，现在我们开始构建审计方法模型。可用该模型作为判断审计方法是否恰当的标杆。我们的第一阶段开始于几个高水平的考虑因素，我们的模型如图 6—1 所示。

模型各个新的方面被描述如下。

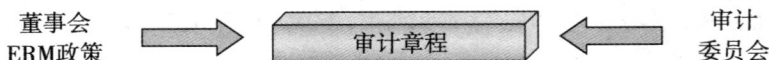

董事会 ERM政策 ➡ 审计章程 ⬅ 审计委员会

图 6—1　审计方法模型：阶段 I

6.2.1 董事会 ERM 政策

董事会对审计工作的计划方式有某些影响：

内部审计活动计划应以至少每年一次的风险评估为基础。在此过程中，应考虑高级管理者和董事会的投入。[10]

上市公司必须遵循证券交易委员会（SEC）所颁布的大量法规，包括时下著名的《萨班斯—奥克斯利法案》第 404 节。第 404 节要求管理当局向企业出具正式的责任声明以及评估声明。管理当局的责任是，针对公司财务报告，建立并维持充分的内部控制。管理当局的评估是指针对公司最近会计年度的财务报告实施的公司内部控制，评估其有效性。SEC 监管法规不包括 ERM 和经营控制，但是它们强调保护资产是内部会计控制的基本目标。此外，管理当局需要识别用来评估内部控制有效性的控制框架。管理当局必须披露财务报告内部控制的"重大弱点"，并保存支持该评估意见的适当证据。关于财务报告内部控制的评估，企业要每季度都进行披露，但季度披露没有年度披露的内容广泛。季度报告主要集中披露内部控制的重大变更。通过确保控制设计是由贯穿于整个企业的系统而明确的风险评估来推动，ERM 支持控制复核和报告过程。ERM 政策允许董事会解释过程如何工作，也定义了所有关键参与者各自的职责和责任。审计师不能只是观望和扮演适合他们的角色，这些人的角色是由董事会 ERM 政策、审计职业准则及指南推动的。一份可用来作为形成各自职责框架的文件详细写道：[11]

• 执行 ERM 政策的管理当局是控制环境和财务信息（包括财务报表注释和财务报告披露）的主要力量。

• 外部审计师向财务报告使用者保证：所报告的信息公允地反映了组织的财务状况和经营成果，符合公认的会计原则。

• 内部审计师执行程序，向高级管理者、向审计委员会或治理委员会下属的其他委员会提供控制是有效的、一定程度的保证。这里的控制是指围绕支持财务报告形成过程的控制。

尽管董事会对企业建立良好的风险管理和内部控制系统负有明确的责任，但是以下内容也是成立的：

> 建立和维持组织的风险管理和控制过程是董事会的一项任务。高级管理者的职责是监督风险管理以及监督控制过程系统的建立、管理和评估。控制过程为多层系统的目的是支持组织中的人们管理风险，实现企业已建立并认可的目标。更具体地说，企业希望通过这些控制过程确保下述情况存在：[12]

- 财务和经营信息是可靠的，拥有诚信。
- 经营是有效率的，实现了有效的结果。
- 资产是安全的。
- 组织的行动和决策符合法律、法规和合同。

为了增加这些要求，经济合作与发展组织（OECD）就公司治理原则对董事会提出了重要挑战，即管理风险。他们认为董事会的主要职责之一是：

> 复核和引导公司战略、主要行动计划、风险政策、年度预算和经营计划；设定经营目标；监控公司业绩的实现；监督主要的资本性支出、收购和出售。[13]

6.2.2　审计委员会

在我们的模型中，放入"审计章程盒子"的下一个因素是审计委员会的地位。许多审计部门都有向 CEO 或 CFO 的临时报告途径，但在现实中，他们是向审计委员会报告。审计委员会必须确信他们正确地界定了审计职责，并设置了成功的审计过程。首先是确定审计委员会负责什么，然后从与内部审计有关的方面构建审计章程。审计委员会是指：

> 负责监督组织的审计和控制职能的治理主体。尽管这些受托责任通常被托付给董事会的审计委员会，但《实务建议》中的资料也可应用于其他有同样权力和责任的监督群体，例如托管人、法律实体、由所有者管理的实体的所有者、内部控制委员会或整个董事会。[14]

在理解内部审计可以为审计委员会做什么时，最好是直接从马嘴（在这里指审计委员会主席）那里获得榜样：

> 我们的风险管理和复核的关键要素是在每次会议上收到内部控制报告。正如我们参加内部审计计划时，这些报告使我们对关键控制风险得到监控获得保证。但我们总是有担心：我们错过了什么？我们注重了应该注重的问题吗？[15]

审计委员会想要知道是否：

- 组织中建立和实施了 ERM。
- ERM 过程工作良好，并提供了报告内部控制的良好平台。

- 风险管理过程具有挑战性，帮助推动经营向其既定的目标发展。
- 新的重大发展、项目和系统都经过了风险评估，从而有合理的可能性取得成功。
- 经营管理同公司风险容量联系起来，雇员在决策和计划进度时是风险敏感的。
- 内部审计过程是可靠的，对建立和复核 ERM 有重要影响。
- 外部审计过程履行了其法定责任，有助于良好的财务控制和鉴证 CEO/CFO 的内部控制声明。
- 企业理解并很好地应对舞弊和合规等问题。
- 企业设置的财务账户和所应用的会计政策有道理。
- 有必要委托特定调查，配合上述问题。

对审计委员会和内部审计职能之间的有效关系，有三个领域的活动是关键的：[16]

- 辅助审计委员会确保其章程、活动和过程适合履行其责任。
- 确保内部审计的章程、职责和活动得到透彻理解，并响应了审计委员会和董事会的要求。
- 同审计委员会和主席保持开放和有效的沟通。

6.2.3　审计章程

现在我们谈谈审计章程。该文件结合 ERM 政策的内容和高水平审计委员会的需要，体现了内部审计的地位。此外，审计必须明确什么是对组织最好，以便对企业产生真正的影响：

> 内部审计不断发展，以满足管理当局的需要。最有效率的审计师能够将管理当局和组织的目标置于自己的计划和行动的前沿。审计目标应配合管理当局的目标，这样内部审计师将内部审计定位为，在管理当局认为对组织成功最为重要的领域产生最高的可能价值。[17]

关于内部审计对审计委员会关注领域的投入，CAE 可考虑某些专题，以支持组织的治理过程和治理主体与审计委员会的监督责任，从而确保财务报告的可靠性和诚信度。关于 ERM，审计章程需要明确——审计鉴证工作覆盖整个管理过程（即，所有的经营系统、过程、经营、职能和活动）：

> 内部审计工作的广泛范围应合理保证：[18]
> - 风险管理系统是有效的。
> - 内部控制系统是充分的、有效果的、有效率的。
> - 通过建立和保持价值、设定目标、监控作业和业绩、定义受托责任的计量，治理过程是有效的。

除此之外，咨询职责事实上也配合了上面提到的鉴证职责：

> 在正式的咨询业务中，内部审计师应善于观察风险管理和控制过程的

有效性。大量的风险暴露或重大控制缺陷应引起管理当局注意。在某些情况下，审计师的关注也应传达给执行管理当局、审计委员会和（或）董事会。审计师应使用职业判断来：（a）认定重大的暴露或缺陷，决定所采取或打算采取的行动，以减缓或纠正这些暴露或缺陷；（b）探知执行管理当局、审计委员会和董事会对报告这些问题的期望。[19]

审计章程是简短的文件，但建立在此平台上，审计师能够提供全套的重要服务，包括：

- 在履行职责的范围内，向审计委员会提出建议。
- 辅助董事会建立其公开披露制度，确保审计对这些披露的投入组织良好。
- 鼓励与关键利益相关者对话，将他们的关注尽可能嵌入风险管理过程。
- 帮助管理当局建立可靠的风险管理过程和有效的内部控制。
- 促进遵循法律和法规要求。
- 提供配合其他任务的鉴证和咨询服务。

审计章程规定如何完成内部审计的角色、责任和任务，以及按照什么标准来完成。此外，应使董事会了解审计工作的含义以及完成的方式：

> 首席审计执行官应定期向董事会和高级管理者报告内部审计活动的目的、权力、责任和与其计划有关的执行情况。报告还应包括：重大的风险暴露和控制问题、公司治理问题以及董事会和高级管理者需要或请求的其他问题。[20]

6.3　审计方法模型：阶段 Ⅱ

现在，切实的、一致同意的审计章程已经生效，我们要解决的下一个问题是如何完成鉴证和咨询服务，以帮助改善风险管理过程。请注意第 2 章所讨论的 ERM 中的审计角色。我们从审计角色的咨询方面开始，我们继续构建模型，如图 6—2 所示。

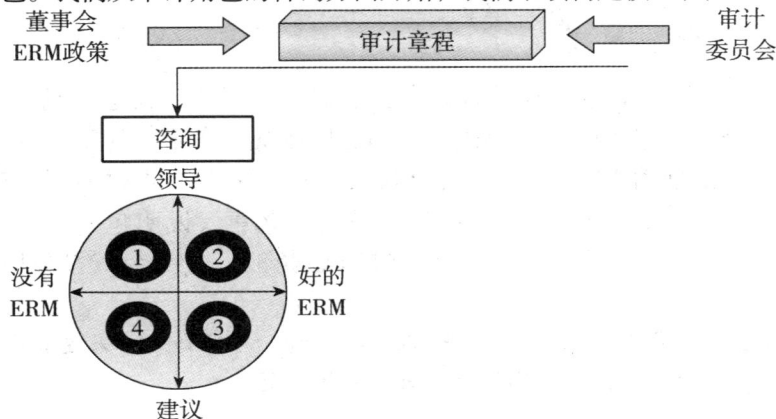

图6—2　审计方法模型：阶段 Ⅱ

模型各个新的方面被描述如下。

6.3.1 咨询

本模型中的咨询模型有两个轴。一个是 ERM 过程没有真正生效的状态，另外一个是已建立良好的 ERM。审计可提供某种程度的咨询服务，范围从引导 ERM 过程到简单的给予建议。一位作者评论客户—代理人关系的动态性质如下：

> 委托—代理理论的动态性可应用于内部审计师与其客户的关系。在检查审计的传统职责时，董事会被列为委托人，管理当局是代理人，内部审计师是董事会委托的、独立的、中性的监督者……在咨询工作中，我们不就管理当局提议的行动表决，而是识别可用的方案以及各种方案的优缺点。此外，我们不是管理当局的合作伙伴，而是听管理当局的意见、提供建议和寻求使组织利益最大化的解决途径。[21]

6.3.2 领导

在这种情况下，审计师提供在 ERM 中的领导职责，并扮演着风险倡导者的角色。从这个意义上说，他们提供了可在组织中分享的专家和指南。某些审计小组执行协调职责，以帮助建立基本制度，并确保经营的所有部分都集中于业绩和合规的共同主题。当组织还无法开始建立 ERM 框架时，这是更切合实际的。请看下面的例子。

案例研究   **与董事会共事**

审计委员会要求其 CAE 深入研究使用 ERM，并向董事会提供如何在组织中建立和应用 ERM 框架的建议。

6.3.3 建议

提供持续和非正式的建议常常是审计职责的一部分。在这里我们简单地认为，现在这是咨询服务的一个正式的方面，同领导角色形成对比。在这种情况下，审计师不是推动 ERM 过程，而是仅仅在恰当的时候提供恰当的建议。该建议可能包括如何形成 ERM 过程的建议说明。该建议说明包括指定风险倡导者或 CRO。最重要的建议是报告任何影响风险管理、控制和治理日程表的重大问题：

> 在咨询服务中，应识别风险管理、控制和治理问题。如果这些问题对组织是重要的，他们应向高级管理者和董事会转达。[22]

6.3.4　没有 ERM

　　领导和（或）建议的审计职责应建立在组织能够取得进展的程度内。该进展是指建立 ERM 的安排取得进展。无论什么形式，审计都与增加价值有关，主要表现如下：

　　　　通过鉴证和咨询等服务，以提供更多有助于实现组织目标的机会，并识别经营改善和（或）减少风险暴露，以增加价值。[23]

　　如果没有 ERM，以风险管理支持良好的内部控制为基础，那么审计师很可能试图将此缺陷提到公司的议事日程表，并不断发出信息以引起高层管理当局对此的注意。此时，领导角色出现了。如果存在差距，在我们能取得重大进展之前，必须确定这些差距。审计准则认为，此时审计师应卷起袖子，同他们的同事一同作战，以取得进展：

　　　　评估控制需要充分的标准。内部审计师应探知管理当局已建立标准的充分程度，以判断是否目标已经实现。如果标准是充分的，内部审计师应在评估中使用这样的标准。如果不充分，内部审计师应同管理当局一同建立恰当的评估标准。[24]

　　但是，如果对取得良好进展存在有力的、不公正的抵触，审计师应将这一点转达给执行管理当局和董事会。通常，审计咨询工作不应置于核心鉴证工作之上：

　　　　内部审计的基本价值是向高级管理者和审计委员会的董事提供鉴证。对于首席审计执行官确定应展示给高级执行人员和董事会成员的信息，咨询业务不能以遮掩该信息的方式进行。我们应在此背景下理解所有的咨询业务。[25]

6.3.5　好的 ERM

　　但是，如果 ERM 稳定生效，对风险和控制的咨询服务将会缩小，即按照请求偶尔提供建议。什么是最好的价值取决于什么最能帮助企业：

　　　　在每个雇用内部审计师的组织中，内部审计活动的价值命题的实现应以适合组织文化和资源的方式来实现。该价值命题体现在内部审计的定义中，包括增加组织价值的鉴证和咨询活动。这些活动针对治理、风险和控制领域，采用系统的、受过训练的方法。[26]

　　我们模型的四个维度与 CAE 在决定审计咨询服务的地位时可获得的推动者有关。请注意，其中第二点与内部审计接受 CRO 角色的情形有关。

6.4　审计方法模型：阶段Ⅲ

　　我们已经描述了咨询工作与我们的模型相适应的地方，现在我们来看审计鉴证服务。我们继续构建模型，如图 6—3 所示。

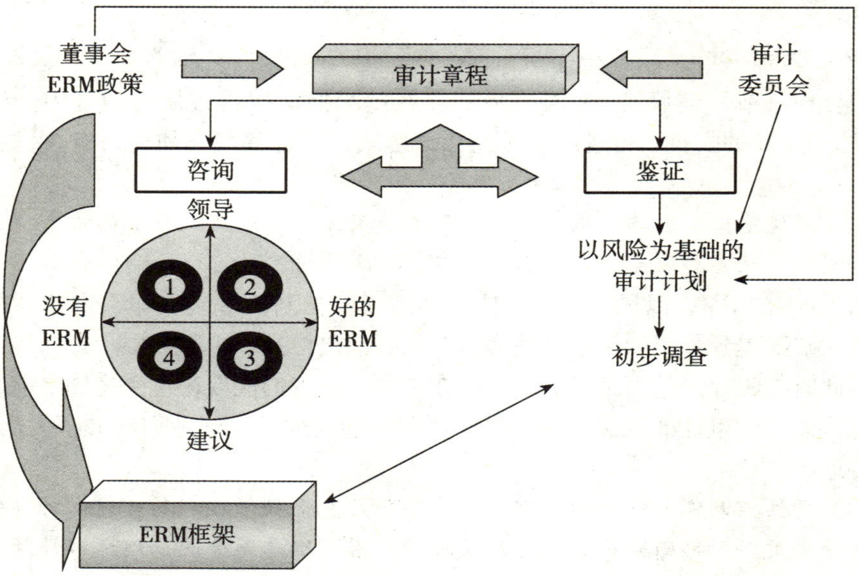

图6—3　审计方法模型：阶段Ⅲ

模型每个新的方面被描述如下。

6.4.1　鉴证

　　ERM 事关重大，它意味着组织能解释其如何形成风险容量，并同利益相关者开展建设性对话。它也意味着组织中的人们理解他们面临的风险，并明确设定在其控制内的风险容限和解决重大风险的总体风险管理战略。通常鼓励董事会、管理者、同事和员工以井井有条的方式有意义地讨论他们的关注和提议，并能够被记录和复核。客观地鉴证 ERM 安排中，什么工作良好，什么需要改进。董事会和审计委员会接触该鉴证是非常关键的。这意味着审计的鉴证服务变得非常重要，因为它可以帮助董事会指导经营的节奏和方向。鉴证工作是由董事会的 ERM 政策推动的。鉴证工作源于强化内部审计任务和未来远景的正式审计章程。《萨班斯—奥克斯利法案》第404 节要求管理当局对内部控制进行认证，这意味着管理当局必须在确保内部控制良好之前，自己作测试。但是，内部审计能指向内部控制需要改善的方面或者可靠的方面。审计工作也有交叉，如外部审计师可利用内部审计的发现，以减少测试，尽管外部审计师的风险必须主要以他们自己的工作为基础。内部审计的基本职责是需要提供 ERM 在企业中的明确地位：

　　　　内部审计活动的基本职责将继续包括：针对执行测试的评估过程的真
实性，就整个风险管理和控制系统的充分性和有效性，表达职业判断。[27]

　　关于公司披露，签字官依赖于能充分确认不当披露风险的良好的 ERM 过程。签字官承担以下主要责任——公司必须证明在所讨论的会计年度能够做到：

* 建立和维持财务报告内部控制系统。

- 确信签字官知道所有重大的信息。
- 建立一套方法来评估组织的内部控制系统。
- 在年度披露报告中列示控制评估。
- 同审计委员会和外部审计师、内部审计师讨论披露要求。
- 发现和披露任何重大的控制缺陷。
- 披露影响内部控制的任何重大舞弊。
- 确保雇员能证明他们不了解内部控制的任何重大缺陷。

CAE 将对这些要求中的每一项形成意见，并准备好将这些意见报告给董事会。

6.4.2　以风险为基础的审计计划

我们继续运用模型来制订审计计划，以向组织提供鉴证和咨询服务。模型显示了董事会 ERM 和以风险为基础的计划之间的重要联系。本套"审计新视野系列丛书"的下一册将详细讨论以风险为基础的审计，并将形成不同的工具来帮助使用者掌握该专题。以风险为基础的计划开始于所谓的"审计范围"（即能够转换为可审计领域和形成个别审计任务基础的组织的所有方面）。审计范围需要依靠组织：

> 审计范围包括组织战略计划的组成部分。通过将组织的战略计划内容囊括进来，审计范围将考虑和反映整体经营目标。战略计划也可能反映组织对风险的态度以及实现计划目标的困难程度。风险管理过程的结果常常会影响审计范围。组织制订战略计划时应考虑其所处的经营环境。同样的环境因素将会对审计范围以及对相关风险的评估产生影响。[28]

审计计划必须经过深思熟虑。制定的准则应当包括审计师计划开展工作的方式，从中我们还可以看出风险管理过程的影响：

> CAE 应形成未来年度的审计计划，以确保已获取充分的证据来评估风险管理和控制过程的有效性。该计划应要求审计业务或其他程序收集所有有关主要经营单元和经营职能部门的信息。它也包括复核组织所实施的重大风险管理过程，并选择在这些过程中所识别的关键风险。审计计划也应给予受最近或预期变更影响最大的经营以特殊考虑。[29]

在此环节，我们可以说的是，只要 ERM 过程生效并可靠，导致公司风险登记簿的 ERM 活动即可被用于推动审计计划。有必要深入探讨这种联系。不能简单地将审计计划看成是对公司风险登记簿的复制，事实上，公司风险登记簿并不能简单地从内部审计师所实施的审计风险评估中摘录。这正如澳大利亚/新西兰的风险管理准则所解释的：

> 运行良好的风险管理系统解决了大量的经营风险。该系统的产出能辅助内部审计师的内部审计计划过程。但是，对内部审计计划过程所做的风险评估并不足以构成组织完善的风险管理过程。[30]

以风险为基础的计划，其优点是强化了"不能凭空计划"的概念。CAE 坐在审计办公室里，绘制有关未来年度的详细审计计划，然而这并没有太大的意义或根本没有意义。事实上，是目标在推动企业。因为企业中的每个部门都在努力实现其既定的目标，而正是目标决定了其应接着做什么工作。起决定作用的黏合剂则来自于高层的战略目标。这一基本公式也可应用于审计部门：

> 首席审计执行官应同组织的目标相一致，并建立以风险为基础的计划，以决定内部审计活动的优先等级。[31]

在我们的模型中，以风险为基础的计划会受到下述需要的重大影响：审计委员会，董事会的 ERM 政策，已生效且支持鉴证和咨询工作的审计章程。该计划也由抓紧处理 ERM 的需要所推动：

> 内部审计活动应监控和评估组织风险管理系统的有效性。[32]

CAE 不应单独计划审计工作的另外一个原因即是为了避免重复。审计计划需要配合影响风险管理安排的其他复核的顺利开展：

> 在决定计划草案时，CAE 应考虑其他人员所执行的相关工作。为了最小化重复和无效率的工作，在决定未来年度的审计计划所覆盖的范围时，应考虑管理当局已计划的或最近完成的工作。这些工作具体包括：管理当局在评估风险管理过程、控制和质量改善过程中所做的工作，以及外部审计师所计划的工作。[33]

鉴证工作可由咨询项目来做补充。鉴证工作会找到其进入审计计划的方式，而咨询项目也可被编入审计工作计划。

> 首席执行官应以业务对改善风险管理、增加价值和改善组织经营的潜在可能性为基础，来考虑是否接受拟定的咨询业务。那些被接受的业务应被包含在计划之中。[34]

以风险为基础的计划比其初看起来包括更广泛的组织愿景。例如，审计师会认为，管理当局、合伙人和雇员参与舞弊或滥用的风险应被记录在公司所有的风险登记簿之中。许多人都认为道德是如此重要，应将其包含在审计计划之中：

> 对于与组织道德有关的目标、程序和活动，内部审计活动应评估其设计、实施和有效性。[35]

以风险为基础的计划，其主要考虑的因素是这些计划对提供服务来说意味着什么。这个简单问题的答案要从最后的审计产品向前推导才可得出：

> 如果审计计划草案所包括的范围并不足以说明对组织风险管理和控制过程所做的鉴证，那么 CAE 应告知高级管理者和董事会其所预计的缺陷、产生的原因及可能导致的后果。[36]

在尚未建立 ERM 的组织之中，使用公司风险登记簿来推动审计计划是很困难的。内部审计师将关注 ERM 的建立和运行，不过也必须构建可用来支持年度审计计划的计划模型：

> 有不同的风险模型来辅助首席审计官以确定潜在的审计对象领域。大部分风险模型运用风险要素来建立业务重点。例如，财务影响，资产的流动性，管理当局的胜任能力，内部控制的质量，变更或稳定性的程度，上

一次审计业务的发生时间，复杂性，雇员以及治理关系等。

在执行审计业务时，测试和证实暴露的方法和技术应反映风险的重要性和发生的可能性。[37]

最后一点是，计划要灵活，以使其适应组织的发展方向。当风险发生变化时，审计计划也应做出相应的改变，以适应风险的变化：

管理当局对方向、目标、重点和焦点等所做的变更应被反映到对审计范围和有关审计计划的更新之中。每年至少评估一次审计范围，以反映最新的组织战略和方向。在某些情况下，审计计划需要被频繁更新（如每个季度更新一次），以应对管理当局所处的组织环境已发生的变化。[38]

6.4.3　初步调查

模型的下一个特征是初步调查。这是为了做些背景工作，从而使得以风险为基础的年度审计计划已被规划得当。模型显示了初步调查和 ERM 框架之间的明确联系。这意味着应根据管理风险的政策和程序来评估审计问题。事实上，这些政策和程序源于其配合整个 ERM 过程的方式。好的起点是评估审计领域是否与组织的总体方向有关，正如判断其建立目标的方式：

内部审计师应确定企业和程序目标已经建立及其符合组织目标的程度。[39]

企业风险管理依赖于良好的目标设定。在我们开始思考风险识别和评估的方式之前，审计师需要确信被复核领域的经营目标已通过该测试。初步调查通常会问如下关键问题：

- 目标是如何设定的，这些目标是否服从公司的目标？
- 管理者和职员的风险意识水平如何？职员是否表达了对风险处理方式的任何关注？
- 是否有明确的职责？是否已为企业的各个方面安排了相应的风险所有者？
- 在风险发挥作用后，是否已很好地理解风险容量和剩余风险的接受水平？
- 关于影响目标传递方式的问题，职员和公开讨论之间有着良好的沟通吗？
- 如何识别和评估风险，且其是否足够灵活，以考虑变更和新的发展？
- 是否已有可靠的过程生效，以确保已抓住所有新的风险并将其置于风险管理过程之中？
- 就递延和或有事项，应如何解决其所带来的重大风险？
- 现在的风险登记簿究竟有多可靠？应用并将其保存，以支持风险管理过程的记录是什么类型的？
- 有一线管理者操作的质量鉴证过程吗？该过程所评论的风险是否已得到系统且可靠的解决？
- 是否较好地遵循了关键控制？是否测试了对或有事项的安排？
- 是否较好地利用技术来帮助企业分析风险，捕捉评论、数据，并为将风险控制在可接受水平而进行决策？

- 记录最近的过错了吗？且其被用于更新风险登记簿了吗？
- 是否已试图根据公司的风险政策来衡量风险管理安排？组织的其他方面怎么样？其他组织的类似职能部门又怎么样？
- 控制做了它们应该做的事情吗？职员是否正确理解了控制？
- 控制是否已在合理的情况下都做了记录？
- 是否有可接受的方法，以向高级管理者报告重大风险、控制失败、执行和更新风险管理的方式？

6.4.4　ERM 框架

本阶段模型的最后一部分是组织所应用的 ERM 框架。这是一个关键点。审计方法近几年所发生的变化，是从关注符合程序到关注风险管理方式，以支持内部控制战略框架。这种变化将 ERM 框架植入审计方法。审计方法会影响计划、执行和报告审计工作的方式。然后初步调查会使用 ERM 过程以促进对若干其他因素的考虑。这些需要考虑的因素关乎审计的鉴证和咨询活动是否已辅助组织的如下关键任务：

- 向着有意义的企业任务的方向努力。
- 形成有关企业成长的未来愿景。
- 很好地理解所有对实现任务而言已存在的主要威胁。
- 能够抓住可以推动企业实现其愿景的所有机会。
- 有明确的战略将企业从其现有的状态转移到它所需要的其他状态，并牢记威胁和机会。
- 能够说明企业如何工作，以及每个部门是如何配合公司整体的，并就公司整体向利益相关者报告。

这种向风险管理工作所做的移动，可以将成功的组织和不成功的组织区分开。只要正确地理解和应用各种审计职责，审计可以为我们提供很多：

> 做经营决策的是管理者，而不是内部审计师。但内部审计师能够提供数据或使数据有效，而这些数据正是进行决策的基础。同时，内部审计师能够评估所做决策所产生的影响，并指出尚未预料到的风险。[40]

ERM 框架指出，在形成有力的审计业务计划之前，审计师应做初步调查。但与此同时，审计工作将帮助决定 ERM 是否真的触及一线岗位。在将审计任务分配计划集中起来时，审计师应牢记关于鉴证的如下三个考虑因素：[41]

- 风险管理过程，包括它们的设计以及它们是如何工作的。
- 管理被归为关键类的风险，包括控制的有效性以及对这些风险的其他应对。
- 可靠而恰当地评估风险，并报告风险及控制的状态。

6.5　审计方法模型：阶段Ⅳ

接下来，给我们的模型增加两个重要的组成部分，以使初步调查阶段更加动态。我们的模型继续如图 6—4 所示。

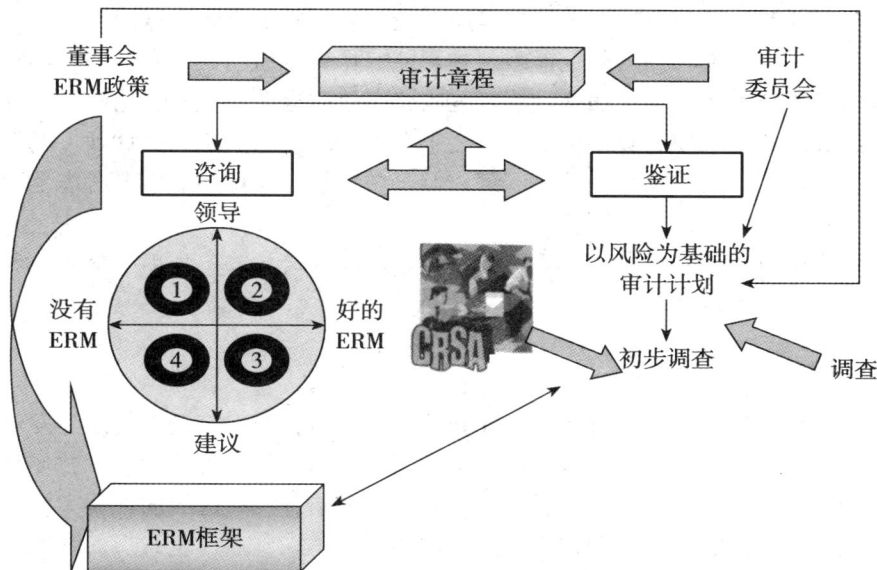

图 6—4　审计方法模型：阶段Ⅳ

模型各个新的方面被描述如下。

6.5.1　CRSA

本书前面提到 CRSA 是管理当局所使用的工具，用于使雇员复核自身的风险和控制。内部审计师也可以用两种方式来使用 CRSA，以推进审计过程。第一种方式是依赖任何最近曾被复核领域职员运用过的 CRSA 事项。该信息表明，管理当局试图分离关键风险和检查现行控制的状况是令人满意的。如果该过程是好的，且已被记录良好，则审计师能够很好地运用该结果来推进审计过程。

案例研究　　　　　　　　　　以风险为基础的计划

在计划审计领域，工作组最近执行了 CRSA。团队成员都接受过培训课程，并被指定为安全顾问。CRSA 认为，安全风险是至上的，团队成员所实施的具体核查为关键控制。意识到这个事实，审计的范围即应包括检查对安全风险所做的评估是否按照高标准予以实施，以及新的安全职责是否已充分降低了该风险。

CRSA 用于初步调查的第二种方式即是在开始新的审计时，引入下列程序：

- 描述职权范围的要点，并将其作为与各级管理者讨论审计问题的基础。
- 询问各级管理者可包含在草拟条件中的任何其他需关注的事项。
- 从被复核领域找到关键人物，然后再将其集中到培训研讨会，从而使其根据自身的既定目标通过下列标准阶段：目标、风险识别和风险评估。
- 使用审计所推动的 CRSA 风险研讨会的产出，来建立和完成审计备忘录。

这样，所计划的审计完全关注的是所讨论领域的真实风险。这两个方法将审计师从幕后的检查职能转变为其他前瞻性的职能。作为幕后的检查者，一开始难免会带有什么是重要的等成见；而前瞻性职能则将审计过程关注于所讨论的经营领域的真实问题、需关注事项和其他了解事项之中。不过要注意的是，审计师不能仅仅将管理当局所说的看成重要的，并仅围绕它们来做计划，审计师还需要考虑范围更广泛的风险：

> 内部审计师在形成业务目标时，应考虑重大错误、不规则、不合规和其他暴露的可能性。[42]

6.5.2　调查

第二个模型项目是调查或问卷。在开始审计之前，应先将调查或问卷发给被复核领域的人们。其用意是收集与控制状态和控制意识水平相关的信息，并使用这些发现来帮助确定审计所应关注的领域。率先出现在治理雷达区域的一个大问题，即是组织控制文化的类型。紧随访谈之后的调查则可用来判断控制意识的状态。可先标出在一段时间内的趋势，以判断其状态是否已获得改善。然后，再将审计工作集中于控制文化较差的领域。较差的控制文化具体包括：人们并不理解风险，不知道良好控制的重要性，也不能确保坚持这些控制。良好的控制文化则刚好相反，管理者和职员会很好地处理风险识别和管理，而审计师只需做较少的细节工作。好的职员还了解治理、受托责任和公开披露。审计准则对公司文化的影响已获得认可：

> 管理当局负责计划、组织和指导执行充分行动，以对目标的实现提供合理保证。管理当局定期复核其目标，并调整其过程，以有效应对内、外部情况所发生的变化。管理当局还构建并维持组织文化，包括理解风险暴露和实施有效的风险战略以管理道德氛围。[43]

有人认为，组织中控制良好的部分可按照例外基础来进行审计。理由很显然——问题需要其他的解决方式，而不是受到定期审计：

> 随着企业层面系统的不断激增，以及逐步采用实体走向与风险评估相一致的持续的审计方法，审计师的传统外勤工作已发生变化，特别是在高风险领域。外勤工作不是在断断续续的期间内完成的，而是在连续的期间内完成的。在此期间，将向审计师发送例外报告，并在期间结束时发送总结报告。此外，外勤工作是在集中的审计地点完成的，而不是在特定的地区或工厂区域。[44]

组织 CRSA 风险研讨会和进行控制意识调查都是审计师所熟知的方法，可将其用于审计工作。管理当局努力使其系统正常时，也可使用这些技术。关于谁应使用何种技术，这种职责模糊并不会带来问题，正如职业指南所明确的：

> 管理当局负责监督风险管理过程和控制过程的建立、管理和评估。经营管理者的责任包括评估其经营单元的风险和控制。内部审计师和外部审计师对组织的风险管理和控制过程的有效性提供不同程度的鉴证。无论管理者，还是审计师都对使用技术和工具感兴趣。技术和工具可以缩小焦点，增加精力以评估风险管理和控制过程，并识别如何进行改善的有效途径。[45]

6.6 审计方法模型：阶段 V

我们的模型再增加几个事项，以确保该模型基本覆盖复核风险管理过程的所有审计方法。这些后加的项目虽然深挖了审计过程，但并不是过于详细。我们的模型继续如图6—5所示。

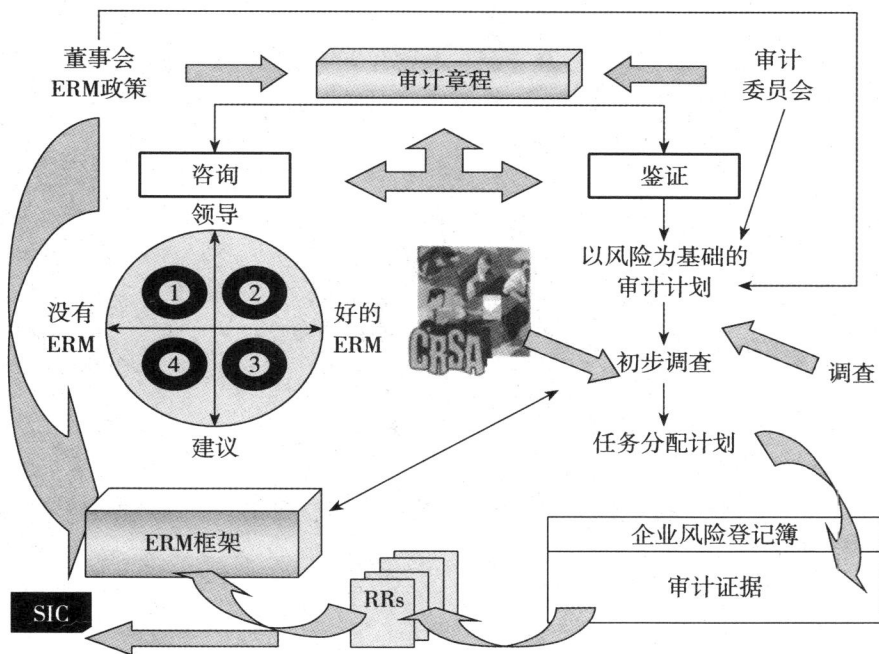

图6—5 完整的审计方法模型

模型每个新的方面被描述如下。

6.6.1 任务分配计划

已经发现了被复核领域的风险管理状态，就有可能写出公司的审计业务计划。该计划包括将做什么以及由谁来做：

内部审计师应形成和记录每项业务的计划，包括范围、目标、时间和资源分配。[46]

正如前面所讨论的，在制订审计业务计划时，需要考虑很多因素。其中的很多材料是在与客户一起工作时收集的：[47]

- 被复核作业的目标，作业控制业绩所采用的手段。
- 作业的重大风险，作业的目标、资源和运作，通过什么手段可以将风险的潜在影响降低到可接受的水平。
- 同相关的控制框架或模型相比，作业的风险管理和控制系统的充分性和有效性。
- 作业的风险管理和控制系统获得重大改善的机会。

另外，计划过程还涉及分配适当的资源给鉴证工作或咨询项目。我们认为，ERM 对审计师提出了新的挑战，清单法可能无法捕捉复核风险状况变更的动态性质，也无法捕捉风险是如何管理的。新的 ERM 要求一套新的审计技巧。如果审计师不具备协调如此复杂的培训工作的能力，却建立审计—培训 CRSA 事项以制定业务目标，那么这将不具有多大的意义：

内部审计师应确定恰当的资源，以实现业务目标。应在评估每项业务的性质、复杂性、时间限制和可获得资源的基础上，进行人员配备。[48]

任务分配计划应包括被复核领域的如下方面：

- 最终的审计目标、范围和工作方法。
- 公司对经营风险和风险容量所持的看法。
- 被识别为高影响和（或）高可能性的风险。
- 风险状况将影响经营领域的合伙人。
- 该领域的法律和披露要求。
- 关键人员、联系方式和相关地址的列表。
- 现在生效的内部控制程序。
- 财务、预算和支出计划。
- 交替执行的审计方法，包括访谈、数据质询、记录分析和临时报告安排。
- 分配审计人员。
- 列出每个审计师的工作计划。
- 前任审计师留下的任何问题。
- 其他复核小组和咨询者的工作。
- 如何监督和复核该工作。
- 关于敏感数据、复制、存储和安全考虑等问题。
- 任何已报告的职员滥用或指控的背景。
- 因时间、资源、时间安排或实际问题导致的对审计范围的任何限制。
- 工作领域的管理者和职员的控制环境状态。
- 审计组的汇报中所提出的任何关注。

- 每个审计小组成员的时间预算以及时间收费安排。
- 对经营系统中有问题领域的初始评估。
- 任何加班请求。
- 经营领域管理当局和信息系统的变更。

上述诸多项目将被应用于审计工作的程序之中：

> 内部审计师应形成并记录工作程序，以实现其业务目标。[49]

6.6.2 经营风险登记簿

风险登记簿的作用是审计风险管理过程的一个关键方面。该文件是整个审计过程的联络点。首先，我们需要透视风险登记簿，正如我们的模型所显示的。风险登记簿捕捉风险循环——识别、评估和管理。风险循环应该由好的管理者来设定。其应可以通过管理者和管理团队的复核，或者通过对团队向管理者报告的风险研讨会的复核，或者通过评估情报和趋势分析。无论采取何种形式，每个拥有成熟风险管理方法的组织，都想确保经营管理者评估它们的风险，并在风险登记簿上记录结果。在糟糕的组织里，这些将不会发生，因为风险管理的风格是碰运气，当然不会以系统的方式做记录。在这种情况下，审计师要通过执行以下基本任务来评估内部控制：

- 识别所讨论领域的经营目标。
- 找出由谁负责每个目标（这些人将成为风险所有者）。
- 就威胁和错过的机会，来识别实现这些目标的风险。
- 评估在没有控制的情况下，这些风险对目标的潜在影响以及发生的可能性。
- 就减缓风险到可接受水平，来判断现有控制的有效性。
- 发现关键控制（防范重大风险的控制）是否真的在实务中发挥作用，以及是否有这方面的任何证据。
- 探寻控制糟糕的领域，或者因不遵循好的控制而导致控制消失的领域，并收集有关实际问题的证据。
- 形成对控制薄弱领域的整体意见，并加强对整体风险管理的安排。
- 与最有能力导致必要变更的人沟通这些发现和建议。
- 记录前面的任务，并在一段时间之后，继续该工作。

上述最后一项任务涉及编辑，事实上其更像风险登记簿：

> 内部审计师应记录相关的信息以支持结论和业务结果。[50]

这样，风险登记簿能由好的管理者设定，由审计师记录，或者由审计师和管理者（也可能是和职员一起）共同努力而完成。本模型中的风险登记簿是指贯穿于整个组织的风险登记簿的总和，它确认了不同经营部门之间的联系和合作。例如，经营领域存在与工作者胜任能力有关的风险。经营领域可将此风险交叉相关到各个团队，以采取分工合作的方式来处理此问题。此外，低水平风险的登记簿可被很好地置于风险向上加速的高水平战略领域，因为它覆盖了经营的多个方面，并在事实上属于执行团队。

6.6.3 审计证据

审计方法模型的最后一个构成要素是证据。该证据必须满足某些标准，它才有用：

> 信息应该是充分的、适当的、相关的和有用的，从而可以为业务观察报告和建议提供良好的基础。充分的信息应是真实的、充分的和有说服力的，这样谨慎的、知晓该信息的人才能获得与审计师同样的结论。相关的信息则是指支持业务的观察报告和建议，并与业务的目标相一致。有用的信息是指帮助组织满足其目标。[51]

证据在风险登记簿里。从这个意义上说，其决定了关于组织各部分风险所记录的信息是否能被核实或至少有良好的证据支持。风险管理准则要求复核风险过程，且作为该复核的结果，应解决和回答以下几个问题：[52]

- 什么是信息的可靠性？
- 对于风险清单的全面性，我们有多大把握？
- 有必要对特定风险进行额外的研究吗？
- 所覆盖的目标和范围充分吗？
- 是否有合适的人员参与风险识别过程？

此外，在对组织的风险管理和控制过程的整体有效性进行评估时，审计师也希望考虑如下三个关键因素：[53]

- 对于执行审计工作时发现的重大不符或缺陷以及其他评估信息，进行汇总了吗？
- 如果已进行汇总，那么做了相应的纠正或改善吗？
- 存在有说服力的情况，导致了不可接受水平的经营风险。这些发现及其后果会导致这样的结论吗？

问题就出在这里。审计师在组织中收集了大量有关风险管理和内部控制状态的信息。但是，作为结果，他们能形成有关风险管理整体状态的意见吗？这个问题与ERM 公式类似。ERM 公式认为，即使已有较好的风险管理实践遍布组织的各经营领域，我们也未必能将这些积极方面扩展到整个 ERM 框架。我们需要的是明确的框架，然后再参考该框架来执行风险活动。这同样也适用于审计师。审计师需要获得有关 ERM 状态的一般证据。这个复杂的任务被描述为挑战：

> 内部审计师所面临的挑战是，以许多个别评估的集合为基础，来评估组织的风险管理和控制系统的有效性。这些评估大多来自于内部审计业务、管理当局的自我评估和外部审计师的工作。随着业务的开展，内部审计师应及时向恰当层级的管理当局沟通风险，以便迅速采取行动来纠正或减轻所发现的控制不符或缺陷所带来的后果。[54]

审计计划中包含对整个 ERM 框架的复核，这样可以保证对个别经营部分实施审计所收集的证据可以与对 ERM 的一般评价进行对比。这是个好主意。本书采纳了此方法。每章的模型均结合附录 A 的各种检查表，来评价风险管理关键的构成要素。同正常的单项审计一道，审计可以获得如下两个层次的证据。首先，证据来自于通过以风险为基础的年度审计计划进行识别的对高优先权领域所进行的一次性审计。其他证据则来自于比较组织和 ERM 模型，例如本书的这些模型。审计师将从一次性审计中寻找证据，以支持或增加复核整体 ERM 构成要素而得出的观点，如职员意识水平、风险容忍设定或者 CRSA 的广泛使用。审计师要沟通审计工作的结果：

> 沟通应包括业务的目标和范围，以及适用的结论、建议和行动计划。[55]

该沟通应满足明确的准则：

> 沟通应该是准确的、客观的、清晰的、简洁的、建设性的、完整的和及时的。[56]

当我们就在年度审计报告中将消息传递到整个组织的问题转到大框图时，事情将变得更加复杂。现在的挑战是收集证据并形成对董事会和审计委员会有意义的报告：

> 高级管理者和董事会通常期望首席审计官（CAE）执行充分的实际工作并收集该年度其他可获取的信息，以形成对风险管理和控制过程的充分性和有效性的判断。CAE 应与高级管理者和审计委员会沟通其对组织的风险管理和控制过程的整体判断。越来越多的组织将有关管理当局的风险管理过程和内部控制系统的报告包含在对外部利益相关者的年度或定期报告之中。[57]

我们回到这样的观点，即通过使用模型来完成这些报告。这些模型可用于评估状态和分离整个风险管理和内部控制安排中的相关差距。

6.6.4　SIC

模型左下侧的 SIC 为内部控制报告。SIC 应由管理者和执行者做出，为证明这些控制和详细解释任何重大缺陷的方式。这来自于 ERM 过程，审计师将就这些报告的真实性来表达自己的看法。就经营部分的风险管理方式，审计师将完成报告，内容是评论他们希望找到什么，以及作为审计的结果，他们实际上找到了什么：

> 通过比较应该是什么和实际是什么，来得出业务观察报告和建议。无论是否有差异，内部审计师都有了构建报告的基础。当情况符合标准时，在进行业务沟通时承认业绩满意，这可能是恰当的。观察报告和建议应建立在下述属性的基础上：[58]

- 标准。评估和（或）证明时使用的标准、计量或期望（应该存在什么）。
- 情况。内部审计师在检查的过程中发现的事实证据（存在什么）。
- 原因。期望与事实之间存在差异的原因（为什么存在不同）。

● 影响。由于情况与标准不同，导致组织和（或）其他方需面对的风险或暴露（差异所产生的影响）。

本书使用的各种风险管理模型均有助于审计师明确"应该是什么"。这样，就可以和"是什么"作比较。

6.7　小结

复核风险管理过程的审计方法在不同的水平上进行运作。思考风险管理过程审计的一种方式即是通过以下五个步骤：

（1）使用审计章程来建立复核风险管理的方法。该方法考虑了董事会的 ERM 政策和审计委员会的观点。在此章程中，还应制定咨询工作的水平。咨询工作是对最重要的核心审计鉴证服务的补充。

（2）在判断组织所执行的关于 ERM 的工作是否可靠之后，使用这些工作来支持以风险为基础的审计计划。

（3）在以风险为基础的审计计划所确定的重点审计领域建立初步调查。CRSA 风险研讨会、访谈和职员调查都可用来解释所计划的审计的职权范围。这样，总的审计工作将关注于实现既定经营目标的实际风险。

（4）复核被复核领域所使用的风险登记簿，以决定是否可以依赖它们来支持经营管理者的内部控制复核。审计应寻求证据，以支持（或相反）被复核领域的现行风险管理方式。如果尚未使用风险登记簿，则可建立咨询工作以辅助企业取得必要的进展。与此同时，审计工作可包含对所讨论领域的完整的风险和控制所做的评估。

（5）确保审计工作允许首席审计官报告已被复核领域的 ERM 和内部控制的状态。作为广泛的控制披露制度的一部分，企业管理当局要证明其所实施的控制，并确保审计工作对此加以评论。

请注意，附录 A 的检查表可被用于评估 ERM 系统的整体质量，也可用于判断用来支持和复核 ERM 过程的审计方法的类型。

注释

1. Institute of Internal Auditors, Standard 2100.

2. Hans Beumer, "Starting from Scratch," *The Internal Auditor*（August 2004），pp. 79 – 85.

3. Institute of Internal Auditors, Standard 2210. A1.

4. Institute of Internal Auditors, UK & Ireland, Position Statement 2004, *The Role of Internal Audit in Enterprise-Wide Risk Management*.

5. Institute of Internal Auditors, Practice Advisory 2120. A1 – 1.

6. Institute of Internal Auditors, Practice Advisory 2100 − 1.

7. Institute of Internal Auditors, IIA Standard 2120. A1.

8. Paul J Sobel, "Integrating Risk Management and ERM," *Auditors Risk Management Guide* (Chicago: CCH Incorporated, 2004), p. 3.01.

9. *Ibid.*, p. 3.06.

10. Institute of Internal Auditors, Standard 2010. A1.

11. Institute of Internal Auditors, Practice Advisory 2120. A1 − 4.

12. Institute of Internal Auditors, Practice Advisory 2120. A1 − 1.

13. "Organization for Economic Co-operation and Development," *OECD Principles of Corporate Governance*, 2004, p. 60.

14. Institute of Internal Auditors, Practice Advisory 2060 − 2.

15. Wes Scott, Audit Committee Chair, "The Good Side of Sarbanes-Oxley," *The Internal Auditor* (June 2004), pp. 36 − 39.

16. Institute of Internal Auditors, Practice Advisory 2060 − 2.

17. Lawrence B. Sawyer, Mortimer A. Dittenhofer, and James H. Scheiner, *Sawyer's Internal Auditing* 5th ed. (Orlando, FL: Institute of Internal Auditors, 2003), p. 34.

18. Institute of Internal Auditors, Practice Advisory 2100 − 1.

19. Institute of Internal Auditors, Practice Advisory 1000. C1 − 2.

20. Institute of Internal Auditors, Standard 2060.

21. Sam M McCall, City Auditor for the City of Tallahassee, "The Auditor as Consultant," *The Internal Auditor* (December 2002), pp. 35 − 39.

22. Institute of Internal Auditors, Standard 2440. C2.

23. Institute of Internal Auditors, Glossary of Terms.

24. Institute of Internal Auditors, Standard 2120. A4.

25. Institute of Internal Auditors, Practice Advisory 1000. C1 − 1.

26. *Ibid.*

27. Institute of Internal Auditors, Practice Advisory 2120. A1 − 2.

28. Institute of Internal Auditors, Practice Advisory 2010 − 2.

29. Institute of Internal Auditors, Practice Advisory 2120. A1 − 1.

30. Australian/New Zealand Standard: A Guide to the Use of AS/NVS 4360 Risk Management within the Internal Audit Process, p. 4.

31. Institute of Internal Auditors, IIA Standard 2010.

32. Institute of Internal Auditors, Standard 2110. A1.

33. Institute of Internal Auditors, Practice Advisory 2120. A1 − 1.

34. Institute of Internal Auditors, Standard 2010. C1.

35. Institute of Internal Auditors, Standard 2130. A1.

36. Institute of Internal Auditors, Practice Advisory 2120. A1 − 1.

37. Institute of Internal Auditors, Practice Advisory 2010 – 2.

38. *Ibid.*

39. Institute of Internal Auditors, Standard 2120. A2.

40. Lawrence B. Sawyer, Mortimer A. Dittenhofer, and James H. Scheiner, *Sawyer's Internal Auditing* 5th ed. (Orlando, FL: Institute of Internal Auditors, 2003), p. 36.

41. Institute of Internal Auditors, UK & Ireland, Position Statement 2004, *The Role of Internal Audit in Enterprise-Wide Risk Management.*

42. Institute of Internal Auditors, IIA Standard 2210. A2.

43. Institute of Internal Auditors, Practice Advisory 2100 – 1.

44. Lawrence B. Sawyer, Mortimer A. Dittenhofer, and James H. Scheiner, *Sawyer's Internal Auditing* 5th ed. (Orlando, FL: Institute of Internal Auditors, 2003), p. 331.

45. Institute of Internal Auditors, Practice Advisory 2120, A1 – 2.

46. Institute of Internal Auditors, IIA Standard 2200.

47. Institute of Internal Auditors, IIA Standard 2201.

48. Institute of Internal Auditors, Standard 2230.

49. Institute of Internal Auditors, Standard 2240.

50. Institute of Internal Auditors, Standard 2330.

51. Institute of Internal Auditors, Practice Advisory 2310 – 1.

52. Australian/New Zealand Standard: Risk Management Guidelines AS/NZS 436: 2004, p. 39.

53. Institute of Internal Auditors, Practice Advisory 2120. A1 – 1.

54. *Ibid.*

55. Institute of Internal Auditors, Standard 2410.

56. Institute of Internal Auditors, Standard 2420.

57. Institute of Internal Auditors, Practice Advisory 2120. A1 – 1.

58. Institute of Internal Auditors, Practice Advisory 2410 – 1.

第 7 章　虚幻的完美

业务的执行应是熟练的，并具备应有的职业谨慎。

IIA 准则 1200

7.1　引言

到目前为止，我们所编制的模型是要建立最好的管理经营风险的实务。我们已经建立了模型的每一个构成要素，对组织应该做什么能够有一个标准。而本章则有所不同，相对于好的实务，这里使用的模型是为了说明不该做什么而设计的。越来越多的评论者感到风险管理和 ERM 的重点发生了错位（即，它创造的社会是发现每个阴暗角落的风险，人们开始对前往风险研讨会变得紧张）。某些组织开始玩风险游戏。他们假装自己的风险管理安排创造了完美的主体，每件事都被锁定和控制。与此同时，其他组织则忽略了行业风险，任何事情都照常进行。他们就是希望：如果出错的话，有别人会引咎。有人开玩笑地建议，某些组织雇用一些被称作是"负责进监狱的董事"的人（即，出现重大问题时，能够承担责任的人）。

某些 CEO 发明了数百个盒子，以接受组织中各种人的检查。这就是希望，如果有需要，好的 ERM 的证据能被用来作防御。管理者可能出现在内部审计师所组织的风险研讨会上，并坐下来通过风险游戏，给些建议和评论，但听起来这更像个聚会游戏。聊完天后，他们又回到现实工作中。可是一两天后，他们就忘了大部分的讨论。然后，组织报告大规模地使用 CRSA 来支持 ERM。如果董事会坚持每年承办一次风险研讨会，然后将其忽略，直到下一年，那么问题就出现了。这种虚幻的完美是令人担忧的。对 ERM 的复核都要经历各种初始行动，并考虑书写良好的记录和已经安装的报告软件。遗憾的是，员工的想法和公司文化不是永远占上风的。所有的咨询报告将描述 ERM 如何发生，以作为季度监管报告形成的基础，但却忽视了一点——没有形成对 ERM 价值的真正信仰。当审计师评估风险，而风险管理又不真正起作用时，本章包括的虚幻的完美的某些信号，可作为审计师必须警惕的警告。

7.2　糟糕的实践模型：阶段 I

本章使用的模型关注风险管理超载以及某些组织如何通过文档追索搜集来隐藏他们的负面行为。我们的第一个模型包含不同利益相关者群体之间的固有冲突。模型如图 7—1 所示。

模型的每个方面描述如下。

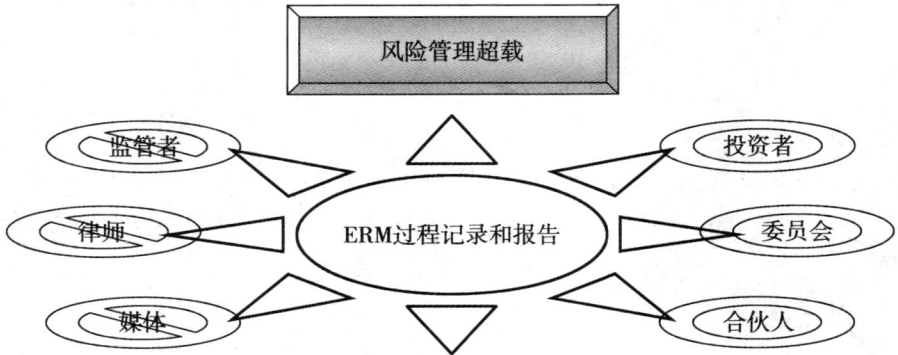

图 7—1　糟糕的实践模型：阶段 Ⅰ

7.2.1　风险管理超载

某些组织开始风险管理时，其最好的方式为蹒跚步入，就像一个人蹒跚走进泥泞的河中一样。咨询师说风险管理需要适当，职业杂志包含越来越多的该专题的文章，各种监管机构也联系执行委员会，并告诉他们应该带头执行。然而，董事会作出反应的方式不过是，通过问些诸如"我们究竟该做些什么"之类的问题。而回答往往是"雇些人做。谁都可以，只要是做。"因此，风险界转入行动。在最糟糕的情况下，风险政策就是检查组织的每个部分，以确保人们吃的、喝的、说的都是风险。

风险活动的巨大影响被骄傲地报告给利益相关者，年度报告中包含许多巧妙设计的段落，用来描述已经建立的风险管理过程。一个孤独的声音再次在耳边响起："风险管理不就是更好的管理吗？"不过这种声音被忽略了，因为人们想要被看到正在从事着风险事务。几年之后，描述什么是风险事务以及它如何有助于组织，已经变得越来越困难。在极端情况下，管理当局摆脱了 ERM，因为他们努力做了 ERM，但 ERM 不发挥作用。例如，在公司治理中，管理当局的职责被描述如下：

大体说来，管理当局负责整个组织的可持续性，并对所有者、其他利益相关者、监管者和一般公众，就组织的活动、行为和业绩负受托责任。特别是，总体管理过程的基本目标是实现：[1]

- 财务和经营信息的相关性、可靠性和可信性。
- 有效和高效的使用组织资源。
- 保护组织资产的安全。
- 符合法律、法规、道德和经营规范、合同。
- 识别风险暴露，使用有效的战略来控制它们。
- 建立经营或规划的目标。

不过，有一种说法认为，上述倒数第二点"识别风险暴露，使用有效的战略来控制它们。"是虚幻的完美的一部分，因为组织应寻求实现约定的目标，而风险管理过程不是这种目标，只是促进实现其他目标的方式的一部分。当管理者被要求集中于风险管理过程时，他们可能忽视了手头真正的业务。风险管理超载与下述有关：

- 概念不清楚，每个人都有他或她自己对风险管理的看法。
- 没有真正适合的方法。
- 一线员工没有真正接受。
- 没有使用真正的工具。
- 没有一个董事会成员准备指导 ERM。
- 首席风险官抱怨管理当局缺乏兴趣。
- 因为高级管理者想要感到安全，风险被视作是陌生的概念。
- 没有努力给初始行动分配预算。
- 缺乏 ERM 如何帮助组织的好例子。
- 对报告和详细记录有压力，不注意雇员的胜任能力和理解。
- 认为风险管理需要做一段时间，直到它被更加热门的事情替代。
- 消极参加宣传活动、培训和风险研讨会。
- 不试图解释风险容量的概念。
- ERM 和内部控制报告之间没有联系。
- 不支持风险所有者对经营目标的实现负责。
- 试图将风险管理分配给 CRO 或 CAE，而不将之定位于经营单元和员工。
- 对 ERM 的某些初始热情在一段时间后开始变得无精打采。
- ERM 被看作是使审计师高兴的事。

风险的概念被专家操纵。专家不承认风险管理仅仅是要做的更好。他们认为风险是使人们对他们的工作负责，而不是感到是命运的牺牲品：

风险管理的精髓是使我们能控制其产出的领域效用最大化，而使我们绝对无法控制产出和尚不知道因果关系的领域损失最小化。[2]

7.2.2　监管者、律师和媒体

我们模型的下一部分专注于越来越多的外部力量。当社会团体走出过去的日子，事情已经变了。过去，企业的成功源自有好的老伙计做舵手，使企业这条大船稳定。新的社会维度关注的是利益相关者的需要，以及商业媒体蒙蔽众人的需要。它们想看到快速回报，而不给失败留有余地。对许多企业来说，稳定的舵手年代已经变成了驶向有暴风雨和模糊的地平线的年代，而这其中还包含着来自各方面的不一致和高压。现在，法律诉讼是对许多组织最大的威胁，是使 CEO 夜间惊醒的一件事。安然事件和世通事件涌现出大量的公司领导者戴着手铐面对犯罪处罚的画面，这使许多执行官感到害怕。许多公司就年报的价值、方法以及对社会的影响，同年报使用者展开对话。其他公司努力解释他们是如何在其企业内促进治理的：

> 我们已经在迪斯尼优先建立了治理。这出于一个简单的原因——这是
> 该做的事。通过投资迪斯尼，股东将财产托付给董事会，以帮助筹划公司
> 经营的整个过程，并使管理当局对其业绩负责。最后，治理就是创造环境
> 来促进有见识的、客观的、为全体股东利益着想的决策的制定。[3]

问题在于如何确保这些主张能够被转化为实务。监管者、律师和媒体想要看到：组织是管理良好的、道德的、完全合规的；组织以相当高的速度增长以获取经济利益及更广泛的社会利益。与此同时，监管者、律师和媒体希望每个组织都能发布有力的讯息，来证明他们是如何获得这些利益的。正式的风险管理过程是个很好的方式，以确保风险受到控制，没有人受到阻碍、伤害或误导。看来标准的风险管理实务可以提供这个神奇的处方：

> 任何组织都面临着一系列的不确定性和风险，会对组织产生负面或正
> 面的影响。风险可以通过一系列不同的方式得到管理，包括接受、逃避、
> 转移或控制。内部控制是减少风险的潜在负面影响和不确定性的通用
> 方法。[4]

7.2.3　投资者、董事会和合伙人

我们的模型有右手边，也有左手边。我们已经描述了监管者以及他们如何让大企业的行为方式正确而恰当。右手边包括利益相关者，他们想要实现自己的收益目标并确保能抓住任何机会以迅速取胜。当收益丰厚时，投资者实现了回报，而董事会成员则瞄准了奖金，奖金又总是和利润目标挂钩的。合伙人想要企业打败竞争者并扩张，这样他们就可从中获益。在这种情况下，就有巨大的压力来创造利润和不断的寻求潜在的收购者和合伙人。卖点是，公司准备冒险，并趋向于成长、扩张和抓住新的经营机会。同利益相关者的对话是重要的：

> 风险管理提供了一个架构，以促进外部利益相关者、治理机构、管理
> 当局和所有层面的人之间就界定和实现组织目标进行沟通和咨询。[5]

不过，对话更多地依赖于说什么以及所说内容反映组织实际现状的程度。标准的风险模型限定了一个系统的过程，用以分析、评估、比较和考虑所有的利益相关者的意见。某些董事会将其成功看作是以冒最大的风险为基础，然后在事后用风险管理的术语来装扮该决策的结果。许多人认为，模型右手边的利益相关者与左边的有不同的看法。如前面所提到的，某些执行官学会了继续经营和玩风险游戏，以使得各方面都高兴。他们告诉监管者，风险评估没有按照公司的风险容量仔细打分，企业也没发生什么。他们告诉投资者，如果他们坚持投资动荡的企业（该企业对所讨论的行业有感情），将获得丰厚回报。关于虚幻的完美的第一点是，它一直花费大量时间，不断制造麻烦再伴随着一定数量的好运来使所有的利益相关者群体满意。

7.2.4 ERM 记录和报告

我们模型的下一个项目是 ERM 记录和报告。现在组织还不能说它们执行良好和行为良好，但它们必须说明确实如此。关于虚幻的完美的第二点是，虽然组织能产生大量的关于 ERM 的记录，但这并不意味着 ERM 的顺利执行。事实上，过量的记录可能说明关注的是细节分析，而不是关注培养风险敏感人的基本原则。植入的风险管理不会导致大量的风险数据的产生，而是导致标准企业工具、系统和技术的使用。其使用结合了好的风险评估以及减缓原则。换句话说，所谓的风险活动应产生较少的记录和报告。当人们知道大量记录一定是错误的时候，他们开始关注于编制风险数据、风险报告或风险评估。他们需要编制和使用的是经营数据、经营活动和制定好决策的标准。使用风险作为主要产品没有多大意义。这取决于组织和工作组试图实现什么。然后，风险应隐含在企业如何工作中，因为大量的文书工作真的不该与风险相关，而是与人们试图做什么相关。这对审计师来说是个陌生的环境，因为审计师喜欢看到与被复核专题相关的记录。在最坏的情况下，编制记录主要是为了确保可以向审计师有所展示。这并不是说记录不重要，正如澳大利亚/新西兰风险准则认为的：记录风险管理过程的每个步骤都是重要的。理由如下：[6]

- 向利益相关者说明过程正确地进行。
- 提供风险识别和分析的系统方法的证据。
- 使决策或过程能够被复核。
- 提供风险记录，形成组织的知识数据库。
- 向决策者提供风险管理计划，用以批准和随后的贯彻执行。
- 提供受托责任机制和工具。
- 便于持续的监控和复核。
- 提供审计线索。
- 分享和沟通信息。

风险准则继续描述，在风险管理过程的每个阶段，应包括什么记录：[7]

- 阶段目标。
- 作为产出的基础的信息来源。
- 过程中所做的所有主要假设。
- 参与的人员。
- 达成一致的决策。

这需要一个勇敢的管理当局甚至是勇敢的组织向世界告知这些问题，铭记尴尬的领域以及竞争者依赖情报超越对手的方式。

7.3 糟糕的实践模型：阶段 II

我们已经描述了组织行为的内部冲突和组织准备向公众公布什么。现在，我们看看其他的现实因素，它们可能形成组织内更大的冲突。我们的模型继续如图7—2所示。

模型的每个新的方面描述如下。

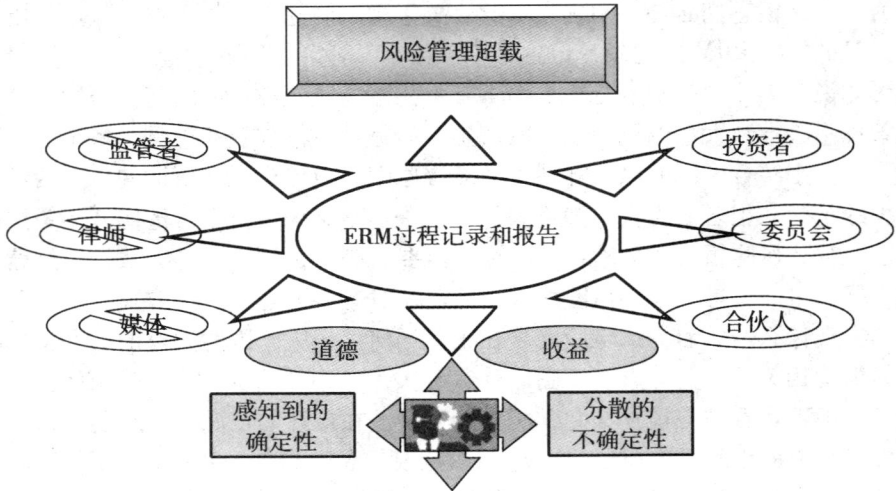

图7—2 糟糕的实践模型：阶段Ⅱ

7.3.1 道德

我们需要将道德的概念引入到 ERM 方程。首先，内部审计师有明确的道德框架指导他们的工作。从这个意义上讲，他们：[8]

- 应诚实、勤奋、负责地执行其工作。
- 应遵守法律，做法律和职业要求的披露。
- 不应明知故犯地从事非法行为，或从事对内部审计职业或对组织不诚信的活动。
- 应尊重组织的法律和道德目标，并促进这些目标的实现。

这些道德价值转化为组织中的一项意义深远的职责，该职责不仅仅是检查财务交易。治理主要是关于组织行为的方式。在本文中，内部审计师在寻求改善治理过程时，必须记住几个问题：[9]

- 促进组织内的恰当的道德和价值的形成及建立。
- 确保组织的有效的业绩管理和受托责任。
- 向组织的恰当领域有效地沟通风险和控制信息。
- 有效地协调董事会、外部审计师、内部审计师和管理当局的活动，并在他们之间有效地沟通信息。

同时，我们希望董事会和高级执行官有同样的考虑，但 ERM 并不意味着组织所做的每件事都要受到公开的检查。通常有选择退出的条款，即敏感问题能留在组织内部，即使这些同样的问题会构成企业运作的高风险：

      在某些情况下，组织可能认为出于商业或安全原因，同利益相关者沟通是不合适的。在这种情况下，沟通计划应记录不牵涉利益相关者的明智决策，但是应通过其他方法考虑他们的意见，例如，情报或商业信息。[10]

审计师总是将一只眼盯在被复核企业的道德氛围上。审计准则有力地揭示了这一点：

      重大的业务观察报告是指通过首席审计执行官（CAE）的评价，提出会对组织产生不利影响的一些问题。重大的业务观察报告包括很多问题，如不规范行为、违法行为、错误、无效率、浪费、无效果、利益冲突和控制缺陷等。同高级管理者复核这些情况之后，无论这些问题是否能得到很好的解决，首席审计执行官都应向董事会提供重大的业务观察报告和建议。[11]

ERM 建立的基础是：人们对企业的管理方式是开放的、诚实的，并确保所有重大信息都得到充分披露，包括重大的内部控制缺陷。

7.3.2　收益

收益管理是企业管理的另一个方面。几乎所有的管理者都很懂得他们的现金收入流，但很多管理者却不按道德规范办事。许多管理者是受极端的高目标驱使，并且工作在这样一种文化中。而他们因此所犯的错误随时都可能受到惩罚。如果没实现目标或承认错误，就意味着更换现任管理者。某些抱有雄心壮志的组织却继续以这种方式来超越对手。在此环境中，风险管理成为猫和老鼠的游戏。管理者确保他们将风险报告中的风险保持在风险容限内，一方面是因为风险是可接受的，另一方面是因为风险被移到资产负债表外。COSO ERM 认为好的业绩对企业成功是很重要的，不过也要以长远的眼光看待持续增长：

      企业风险管理所固有的这些功能不仅可以帮助组织实现主体的业绩和利润目标，还能防止资源损失。企业风险管理有助于确保有效的报告并使之符合法律法规，避免破坏主体声誉和不良影响的产生。总之，企业风险管理帮助主体到达它想去的地方，避免路上的陷阱和惊吓。[12]

理论上，这有许多含义，不过执行官签的都是短期合同，而他们的奖金是和维持股票价格联系在一起的，这样他们通常会有扭曲数字或偷工减料来获得短期收益的动机。这就是为什么我们要将道德和收益展示为该模型的反面。如果这两个因素不一致，ERM 可能被操纵，以说服利益方识别和控制了所有问题（即，不规范和不合规风险，不良业绩和不良获利能力风险）。因为 ERM 要求与利益相关者相关的所有风险都应在组织内解决，这意味着 ERM 过程能被用来说明这已经做了。可惜的是，虽然决策可以追踪到全面风险评估，但这并不意味着决策总是对的：

      研究者寻求一种方法，能对意料之外的事情进行系统的分析。在之前，他们专注于决策过程的投入。现在，他们意识到决策只是开始。困难在于我们决策的后果，而不是决策本身。[13]

通常，实现结果、正确行为和说明事实，这三者之间是紧张的关系，不过事实确实如此。还没有老练到可以处理这些紧张关系的 ERM 过程将变成幻想（比如，它们将编制报告告知投资者他们想听的，告知监管者和法律人士一切都很好），并允许雇员和相关者感到在这样的组织中工作很舒服。出人意料的是，大公司即使有适当并且正式的风险管理过程，却还是可能失败或与公众的期望相冲突。这就是为什么在错误的人手中以错误的方式使用 ERM，ERM 将成为创造虚幻的完美的工具。

7.3.3　感知到的确定性

我们模型的下一阶段建立在我们已经形成的主题上（即，感知到的确定性）。ERM 过程是简单的，因为 ERM 指出，应检查和减缓针对目标的风险。ERM 还认为如果风险暴露落在利益相关者的期望范围内时可以置之不理。这些期望形成了我们所谓的风险容量：

> 在风险管理过程的最早阶段形成沟通计划，这对内部和外部利益相关者都很重要。该计划应解决有关风险本身以及管理风险的过程的问题。[14]

问题是我们已经形成了在风险容限内感知到的确定性，这是有目共睹的。但这击败了风险的第一个规则，即我们永远不能肯定任何事。事实上，感知到的确定性是危险的，因为当真的应该进入警惕状态时，它却放松了。

7.3.4　分散的不确定性

感知到的确定性位于模型的左手边，显示监管者、律师和媒体应该关注其他组织。关键投资者、合伙人和董事会只是忽略了解经营是如何进行的，他们对分散的不确定性的理解也只停留于表面。许多大组织蹒跚地从成功走向不景气，经历了重组和可能的成功或失败。分散的不确定性是针对全球市场的。随着石油价格的波动，或者重要的海外地区变得不稳定，或者汇率迅速跌涨，市场转眼间就发生变化。如果错误的因素在错误的时间集中到一起，全球许多市场能够转眼间变得很脆弱。这正如下面的例子。

案例研究　　　　　　　　　　　　　最坏的情况

安全监管者对一家降胆固醇药物的龙头企业非常关注。该消息对股票市场产生冲击波后，令几家药业公司的股票价值蒸发了数十亿美元。

许多董事会成员花费时间来解决下一个危机，该危机会影响他们下一年度数以百万美元计的奖金。而他们却没有花一点时间来涉猎为上一年度的公开财务报告而编制的风险报告。建立良好的 ERM 过程能处理很多现实问题。这些现实问题是任何企业、政府机构或非营利主体都将面对的。COSO ERM 确认该现实：

虽然企业风险管理提供了重要收益，但仍存在着局限性。除了上述讨论的因素，局限性来自于这样一些现实：人们的决策判断是错误的；对风险的应对决策和建立控制都需要考虑相关的成本和收益；因为人们的失败而导致故障，如小错误；因为两个或更多人的合谋而绕过控制；管理当局凌驾于企业风险管理决策之上。[15]

7.4 糟糕的实践模型：阶段Ⅲ

我们已经描述了一些影响力。这些影响力使建立有价值的风险管理过程很困难。我们也描述了概念被滥用的方式。概念滥用，即让人们听到组织想要他们听到的东西。需要叠加到这些问题的一个重要因素是支持 ERM 的证据的可靠性。正是在这一点上，审计师可以做很多工作。我们的模型继续如图 7—3 所示。

模型的每个新的方面描述如下。

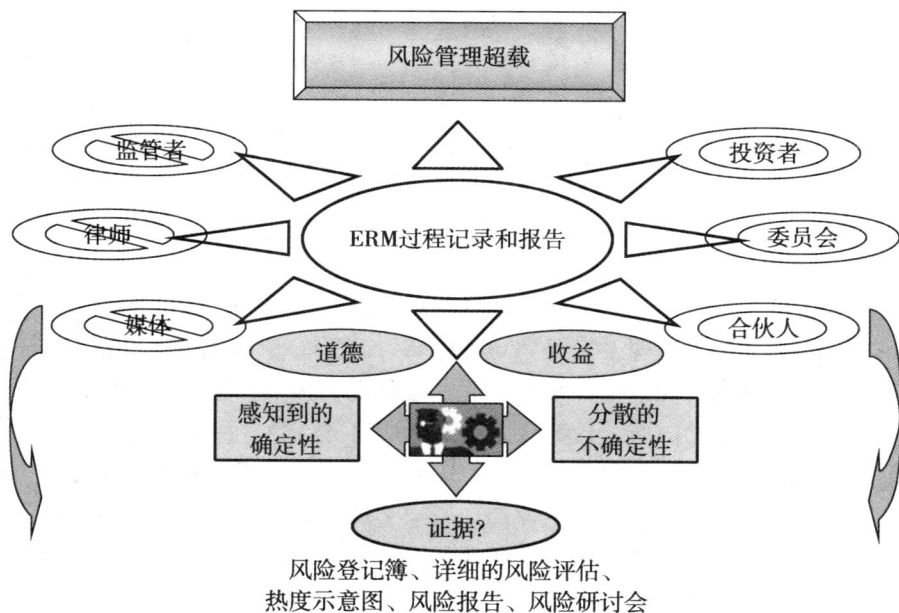

图 7—3 糟糕的实践模型：阶段Ⅲ

7.4.1 风险登记簿

我们在这本书中已经讨论了风险登记簿。这是个一般方法，用来寻找复杂数据库中的风险评估活动的结果。它通过对企业的每个部分做标记，来记录其目标、风险、评分的风险、控制、对差异的看法、缺陷或对控制的强大杀伤力。这样对每个风险所有者而言，减缓不可接受水平风险的行动计划就被加进了经营计划和业绩目标之中。大的风险（如，红色风险）加速向上报告，以进入高级管理者自己的风险登记簿，直到进入董事会的公司登记簿。该理论听起来很简单，但是当考虑虚幻的完美时，我们需要关注在引入这样的登记簿时，有什么可能会出错。请看下面一系列的例子。

案例研究　　　　　　　　**风险登记簿未反映重要的经营问题**

高级审计师和经营单元的管理者在初始见面会上碰面，以讨论审计期间要考虑的事项。通常的开场寒暄之后，审计师在桌子上展开电子表格，向经营单元的管理者解释这就是所讨论的经营单元审计的风险登记簿。审计师以证实风险管理的方式作为审计工作的基础。管理者匆匆看一眼后，暗想该登记簿将使审计师将在今后的两个星期里忙忙碌碌。然而，因为没有真正伤脑筋的问题出现在登记簿上，所以审计师不会涉及经营单元所面临的实际问题。

案例研究　　　　　　　　　　**风险官僚**

一家组织将风险管理解释为填写归入风险登记簿的各种表格。管理者和职员都努力地编制详细的登记簿，使之变成了乏味的工作。买来自动化的数据库可以简化工作任务，但这又需要输入更多的数据。几年后，绝大部分风险登记簿都失去了作用，大家关注的焦点转变为更多地关注胜任能力和我们所谓的风险敏感的文化。

案例研究　　　　　　　　　　**害怕风险战术**

一家组织的管理者发明了短语"可怕的审计风险登记簿"，用以描述审计师通常胳膊夹着其编撰的风险登记簿来到管理者办公室的场景。然后，管理者会遭受主审计师的一系列间接的威胁。这些威胁是关于所有的红色风险，或对重大风险所采取的关键控制是否妥当。非常奇怪的是，审计师认为通过使用风险登记簿，他们取得了很大进步。只是没有人告诉审计师：风险管理是为管理者做的，而不是为审计师做的。最后，审计小组解散，此工作外包给真正的内行。

7.4.2　详细的风险评估

证据的下一个方面与分析有关。分析是在数据传递到风险登记簿之前实施的。董事会可发出指令——"所有重大的决策在采取行动前应包含正式的风险评估"，并将此作为风险管理植入企业的方法。因此产生了大量的分析工作，并在一段时间里建成令人印象深刻的证据大山，以此来证明决策方法是清晰、简洁、透明的——所有好的治理属性。下面的例子进一步说明了现实生活中公司的风险。

案例研究　　　　　　　　　　　　**传递风险责任**

在一家组织中，风险管理团队被赋予较好的形象，他们被称作风险警察。他们的工作是发现和整理大的风险。这意味着管理者拒绝对其责任范围内的管理风险承担责任。这个概念一旦建立，很难再改变。其结果是一系列奇怪的谈话。在此谈话中，管理者很不理解为什么问题要返给他们，并让他们复核以及决策，所以管理者将问题传递给了风险经理。更糟的是，持反对意见的审计报告只是被简单地传递给了风险经理，让他们采取行动。到最后，后勤人员比一线职员更有权力，因为他们充当着传递产品的角色。

7.4.3　热度示意图

某些组织证明其风险管理过程的另外一种方式是通过描述组织的红、黄、绿色的热度示意图。这是贯穿企业的一系列坐标方格，看上去像个示意图。示意图的图解代表主要的业务部门和支持性的职能部门。沿着业务部门每个方面给一个点，红色代表高影响/高可能性，绿色代表低影响/低可能性。其目的是高级管理者和董事会通过浏览该图，即可看出需要紧急行动和密切监控的领域，而企业控制良好的部分则处于次要地位。热度示意图作为有用证据的主要问题是它们依赖于组织如何定义红、黄、绿色。如果红色代表不好，就会强烈诱导管理者通过彻底的分析和行动，或者通过简单的窜改分数来确保不命中这个等级。在许多大的公司和复杂组织中，现在都流行风险组合观：

> 风险组合观可以用多种方式来描述。组合观可以通过关注各个业务单元的主要风险或事项类别来获取，或者把该公司作为一个整体的风险，运用类似风险调整资本或风险资本等标志来度量。[16]

7.4.4　风险报告

提供 ERM 证据支持的另一种技术是在组织内建立详细的风险报告基本结构，使之能够涵盖企业的每一个部门。该报告将详细记录风险识别活动、风险得分、行动计划和各种风险触发器。这些可用于警示管理当局和风险所有者什么问题需要解决：

> 所有识别到的风险管理问题都应该报告给能决定采取必要行动的人们。这些问题影响主体的形成和战略实施，以及既定目标的实现。[17]

IT 安全员可对红色风险出现的领域制定风险触发器。红色风险可以影响公司和地方信息系统的诚信。首席财务官可以对这些影响最终会计报告系统的风险领域进一步地施加风险触发器。如果准备这些报告主要是为了显示大量风险活动的存在，而不是作为增加企业实际价值的一种途径时，问题就出现了。滥用企业风险报告的现象将通过下面的例子加以说明。

案例研究　　　　　　　　　　　　**视安全为风险**

一家运输公司任命的首席风险官具有安全管理的背景。他将风险视作是威胁企业持续经营能力的任何事，即与主要厂房、信息系统和基本设施有关。这种狭隘的看法痴迷于应急计划和备用设备，而没有考虑到经营目标的风险。此外，他认为风险就是威胁，而没有意识到抓不住新机会也是一种风险。

7.4.5　风险研讨会

沉浸在完美幻想中的组织吹嘘着每天有这么多的风险研讨会举行，这真是令人讨厌。他们认为雇员既然被植入到风险管理事项，理所当然的，雇员就能够管理风险容量。风险容量由董事会设定，由高级执行团队实施。下面的例子有助于说明这一点。

案例研究　　　　　　　　**为冒险而冒险**（risk for risk's sake）

董事会让一位新任命的风险管理者实施以风险为基础的计划，包括风险研讨会、意识研讨会、介绍会、风险登记簿会议和访谈关键管理者。董事会要求该风险管理者每月至少召开二十次各种会议。在完成数项这样的计划后，风险管理者意识到这些会议没有标准的方法或整体目标。一年后，风险管理者渐渐明白了：董事会资助该计划只是为了停止高水平的风险管理活动——没有其他原因。

7.5　糟糕的实践模型：阶段Ⅳ

ERM 被视作是一个极好的办法，用来鼓励组织做得更好，并解释这是如何实现的。挡在这个简单公式前的任何事都被看作是风险，应该采取所有适当的步骤来解决。这意味着组织所呈现的公众形象来自于组织内部的办公室、工厂、单元和文化。我们的模型继续如图 7—4 所示。

模型的每个新的方面描述如下。

7.5.1　公众形象

组织想呈现给公众一个好的外在形象，为此它用了新化妆品，又刚刚从理发师那儿做了头型回来。但是，如果你是选择合伙人，最好是看看卸妆后的此人。某些组织的工作依据是：如果你看上去好，它们就认为你是好的。但是 ERM 将会告诉利益相关者真相——或者至少是告诉他们你抓住了真相。例如，澳大利亚/新西兰风险管理准则指出，组织需要掌握下述风险管理的关键要素：[18]

- 每项风险的来源是什么？

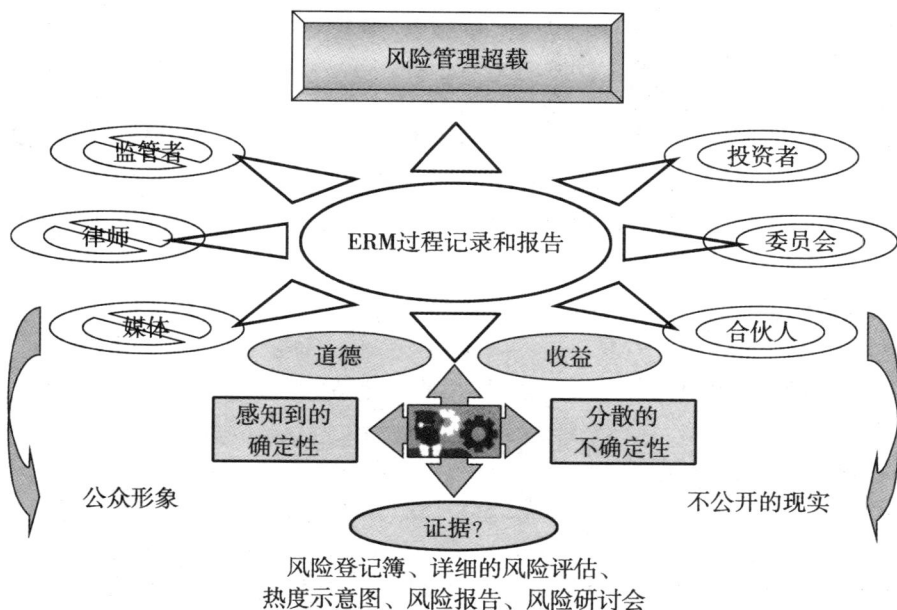

图 7—4　糟糕的实践模型：阶段 IV

- 可能发生的什么事情能：
○ 增加或减少目标的有效实现。
○ 使目标的实现更加有效率或更加无效率（财务、人员、时间）。
○ 使利益相关者采取行动，来影响目标的实现。
○ 产生额外利益。
- 对目标的影响是什么？
- 这些风险（包括积极的和消极的）可能何时、何地发生？如何发生？
- 将牵涉或影响谁？
- 现存什么管理手段来应对该风险（最大化积极风险或最小化消极风险）？
- 什么将导致管理手段对风险不产生预期影响？

如果利益相关者所关注的组织用适当的方法来寻求这些类似问题的答案，利益相关者将会满意。但是，公众形象能掩盖某些不为人知的事情。

7.5.2　不公开的现实

某些公司不公开的现实如果被广泛知晓，将使公众感到奇怪甚至震惊。大部分的公司丑闻都来自于没有遵守市场期望行为准则的公司。它们的共同点是辜负了所有的或某些主要的利益相关者，甚至可能违反了法律。虚幻的 ERM 能被用来给企业戴假面具。在这样的企业中，高级职员和雇员花费大量时间穿行于办公室，沿着生产线大喊：

- "我不想要借口——只是做工作。"

- "不要弄乱——如果你弄乱了，确信这与我无关。"
- "无论你做什么，不要使我看上去不好。"
- "不要使我陷入比现在更多的麻烦。"
- "出其不意地抢在别人之前，反正你喜欢。"
- "打开一个逃跑路线，这样当我们需要跳时，我们能有个软着陆。"
- "要确保别的什么人负有责任。"

7.6 糟糕的实践模型：阶段 V

我们的完整模型如图 7—5 所示。模型的每个新的方面描述如下。

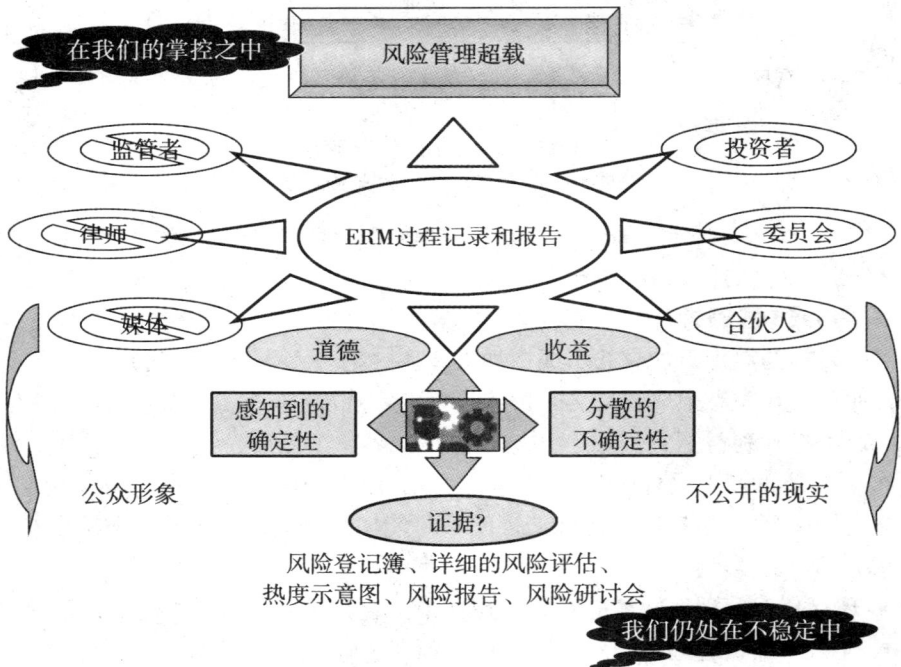

图 7—5 完整的糟糕实践模型

7.6.1 在我们的掌控之中

增加最后两个相互对比的要素，我们的模型就完成了。大部分组织呈现给公众的形象是其很有控制力。尽管存在问题、危机、大的损失或者失败，高层人士知道他们必须看上去平静和有控制力。ERM 实质上就是控制，尽管有些领域需要改善。从这个意义上讲，充分的控制是：

目前，如果管理当局计划和组织（设计）的方式是——对组织的风险进行有效地管理，以及为组织目标有效地和经济地实现提供合理保证。[19]

不过看似平静的氛围可能隐含着问题，正好像高贵的天鹅看上去是在湖面上飞，而实际上天鹅是在湖面下疯狂的划行。当问到主体是否在掌控之中时，审计师是组织中能够给出完整、直接答复的少数几人之一。值得注意的是，审计师有专业的技能来处理专业差异。该差异是指现实中的控制不同于公开的状况：

> 当首席审计执行官认为高级管理者接受的剩余风险水平可能是组织不可接受的，首席审计执行官应同高级管理者讨论此事。如果关于剩余风险的决策没有解决，首席审计执行官和高级管理者应向董事会报告此事以求解决。[20]

同虚幻的控制相比较，提升现实控制的一个方法是让审计委员会来监督组织设计、风险管理和内部控制过程的方式。在这方面，审计师再次地处于关键的位置，来识别和解决重要问题：

> CAE 应辅助审计委员会，确保审计委员会的章程、职责和活动对实现其责任是恰当的。通过辅助审计委员会定期地复核其活动和提出改善意见，CAE 扮演着重要的角色。这样，对于审计委员会和常规实务来说，CAE 是有价值的建议者。[21]

7.6.2　我们仍处在不稳定中

扭曲的 ERM 过程创造的虚幻完美同许多大公司和政府机构的现实生活有很大差异。在现实生活中，执行官处于困难局面之时，需要某些人帮助他们：

> 当管理当局处在众所周知的"困难局面"时，这些在高层人士寻求鉴证：他们的组织该如何应对风险并通过控制来有效地减缓风险。提供这样的鉴证，谁能比内部审计师更好呢？管理当局在财务报告上签字之前，是否确信 I's 加了小点，t's 加了十字，是否检查了所描述的政策和程序得到所有人遵照。审计师对组织受托责任的鉴证职责突增。[22]

尽管大部分组织在编制的公开报告中自夸他们的活动完全在掌控之中，但许多内部报告依然花费时间努力地证明公司情况是否稳定。当公司蹒跚着从一个危机走向另一个危机时，组织可能会关注其危机管理时的风险管理战略。某些组织对它们应对危机的能力感到自豪，它们能认真地形成计划、采取行动、处理危机和保持正常经营系统的运作。风险被视作是各种外部威胁，它们对信息系统、厂房和员工都有潜在影响。许多组织雇用有安全管理背景的首席风险官，他们常常以超强的接受能力、适应性和快速恢复能力而著称。在这种情况下，组织很少注意在企业的所有方面建立风险管理，以同组织内所建立各种战略和经营目标相一致。这时，又要通过审计来帮忙。在还没有最大程度地应用 ERM 时，审计师能领导路径，表明风险构建到企业中的方式如下：

> 管理当局的报告和沟通应传递风险管理的结论和建议，以减少风险暴露。为了使管理当局充分地理解风险暴露的程度，审计报告要识别风险暴露的严重性和后果以达到组织目标，这是至关重要的。[23]

对于现状不好的组织，没有更多的余地将风险管理作为一种超现实的概念来谈论，因为这需要花费繁忙的执行官大量的时间。当我们告诉执行官整个组织本身就是风险管理系统，组织可以灵活地应对外部和内部的影响力时，组织可以取得较大进步。比起具体地争论风险、风险概念和复杂问题的解决方法等，以这种方式推广ERM会更加积极。与虚幻的完美相反，建立真正的ERM需要高层人士通过不同的阶段来实现：

（1）从基本的管理原则开始，其目标是以合法的方式提供业务。

（2）然后增加风险管理，其设计是通过关注问题和关注重大争议来保护企业。

（3）形成除应急计划之外的风险管理的范围，以此作为保护和提升企业的手段。

（4）引入这样一些理念，如以一种认真地管理方式，来强化管理以促进企业的成长。

通过上述方式，ERM能够与经营合并在一起，并逐渐地成为人们工作方式的一部分。从发展文化基础的角度来讲，另外一个形成风险概念的办法是在工作中思考风险的七个等级：

（1）这真的没有什么大不了的，反正我们去做。

（2）知道一点风险概念，可能是有帮助的。

（3）人们不断地告诉我们风险管理的事情，好像风险管理在企业的每个部分都存在。

（4）风险管理充分发展为公司风险政策的一部分。

（5）我们自豪地说，我们有完整而适当的ERM过程，触及企业的所有部分。

（6）风险被包含到我们的语言和我们做事情的方式中。

（7）这真的没有什么大不了的，反正我们去做。

如果为每个阶段设置里程碑，那么管理者和职员就可以策划进度。唯一的危险是直接跳到阶段七，还认为这是阶段一——此时人们将认为ERM没有什么大不了的，这是因为他们不理解ERM，而不是因为ERM已经很好地融入了他们工作的方式。COSO提供了这些必须的帮助，以明确ERM有几个重要的局限性，这些局限性反映了真实世界中我们生活和工作的事实：[24]

- 首先，风险是与未来有关的，其不确定性是固有的。
- 其次，ERM——即使是有效的ERM——不同的风险等级对应不同的目标。
- 最后，对于任何的这些目标分类，ERM不能提供绝对的保证。

7.7 小结

因为审计就是要发现实际的风险并加以控制，因此需要识别对风险管理理论不切实际的应用，即虚幻的完美。可通过以下五个步骤来提防风险管理之虚幻的完美：

（1）决定是否存在风险管理超载的状态，即在组织的某些部分，人们被一些使他们的生活更困难而又缺乏可管理性的事务轰炸。

（2）发现向不同利益相关者群体所收发的任何不匹配的讯息，即严格的常规的披露被视作是遵守各种法律的最起码要求。

（3）评估风险管理记录编制的程度，以支持风险管理过程，而没有提到记录应能够帮助企业变得（或依旧）更加成功。

（4）复核证据。该证据支持经营风险评估，以及对内部控制的观点，以判断其形成是否反映了企业现实和整合风险到组织的经营系统。

（5）编制审计报告。该报告评论组织所呈现的公众形象是否与组织工作方式的非公开现实相匹配，并确保组织在维持良好道德状态的同时能实现盈利目标。

请注意，附录 A 的检查表可以用来评估 ERM 系统的整体质量，也可以用来判断支持和复核 ERM 过程的审计方法的类型。

注释

1. Institute of Internal Auditors, Practice Advisory 2100 – 1.

2. Peter L. Bernstein, *Against the Gods: The Remarkable Story of Risk* (Hoboken, NJ: John Wiley & Sons, 1996), p. 197.

3. Disney Corporation, *www. corporate. disney. go. com*, Chairman of the Board, October 2004.

4. Institute of Internal Auditors, Practice Advisory 2010 – 2.

5. Australian/New Zealand Standard: Risk Management Guidelines AS/NZS 4360: 2004, p. 11.

6. *Ibid.* , p. 96.

7. *Ibid.* , p. 96.

8. Institute of Internal Auditors, *Code of Ethics*, *Rules of Conduct*.

9. Institute of Internal Auditors, Standard 2130.

10. Australian/New Zealand Standard: Risk Management Guidelines AS/NZS 4360: 2004, p. 21.

11. Institute of Internal Auditors, Practice Advisory 2060 – 1.

12. Committee of Sponsoring Organizations, *Enterprise Risk Management*, September 2004, Executive Summary.

13. Peter L. Bernstein, *Against the Gods: The Remarkable Story of Risk* (Hoboken, NJ: John Wiley and Sons, Inc. , 1996), p. 217.

14. Australian/New Zealand Standard: Risk Management AS/NZS 4360: 2004, p. 11.

15. Committee of Sponsoring Organizations, *Enterprise Risk Management*, September

2004，Executive Summary.

16. *Ibid.* ，p. 59.

17. *Ibid.* ，p. 80.

18. Australian/New Zealand Standard：Risk Management Guidelines AS/NZS 4360：2004，p. 39.

19. Institute of Internal Auditors，Glossary of Terms.

20. Institute of Internal Auditors，Performance Standards 2600.

21. Institute of Internal Auditors，Practice Advisory 2060 – 2.

22. Betty McPhilimy，Chairman of the Board，ⅡA. Inc.，"Seize the Moment," *The Internal Auditor*（August 2004）：pp. 66 – 71.

23. Institute of Internal Auditors，Practice Advisory 2010 – 2.

24. Committee of Sponsoring Organizations，*Enterprise Risk Management*，September 2004，p. 93.

第8章 全面的 ERM 理念

通过改善实现组织目标的机会、识别经营的改善和/或减少风险暴露，鉴证服务和咨询服务都可以提供有价值的帮助。

IIA 术语汇编

8.1 引言

篇幅短小的本章将总结出现在本书中的 ERM 的方方面面。这样，引进本书前面各章所强调的问题，就可能以全面的方式评估整个 ERM 过程。这一宽泛的风险观点推动了内部审计的发展：

> 未来的趋势是从风险识别扩展到风险管理。例如，内部审计通过在以前的功能中增加新的有价值的附加成分，并以关注风险、应用风险等方式来领导该领域。[1]

8.2 ERM 程序模型：阶段 I

我们需要把影响组织的三个关键力量集中起来：（1）利益相关者的期望；（2）企业风险；（3）各种监管者制定的规则。我们的第一个模型由引入风险管理程序开始，如图 8—1 所示。

模型的每个方面描述如下。

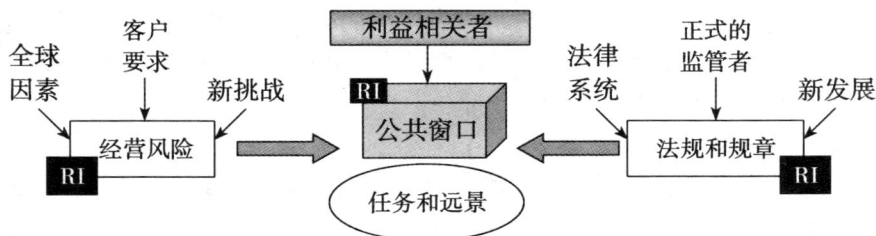

图 8—1　ERM 程序模型：阶段 I

8.2.1 利益相关者

我们已经注意到，组织越来越受到对管理当局行为有发言权的群体的影响。这个因素处在各方力量的首位，它驱使着所有较大组织的前进的方向和步伐。股东的概念是指寻求收益和收益快速增长的人。利益相关者的概念则更广泛地关注对社会的影响。后者已经逐渐替代了前者。现在强调持续增长的必要性。下面的职业指南明确陈述了这一点：

> 首席审计执行官（CAE）应将环境、健康和安全（EH&S）的风险纳
> 入到主体的风险管理评估中，相对于与主体经营有关的其他类型的风险，
> 评估活动应以平衡的方式进行。应该评估的风险暴露包括：[2]

- 组织报告的结构。
- 引起环保机构（EPA）或全体政府机构所强制实施的环境污染、处罚和罚款支出的可能性。
- 伤害和死亡史。
- 客户损失和零星的消极宣传的记录，公众形象和声誉的损失。

8.2.2　经营风险

下一个大的因素是关于影响组织的重大风险，它能区别成功和失败。ERM 过程寻求系统地贯穿于整个组织，以捕捉和管理这些风险。我们的模型从如下方面分析这些风险：

- 全球发展——世界市场越来越相互关联，越来越多的组织必须与全球的发展接轨，此时就面临着战略决策。
- 出现在地平线的新挑战、新方向和新机会，只是存在很短的时间，然后被抓住或消失。
- 客户需求的提高意味着组织不能简单地提供组织所认为的好产品。人们现在决定自己需要什么，然后出去寻找最适合的供货商。

8.2.3　法规和规章

ERM 经常被遗忘的一面是如何理解风险运行与法律、法规和监管条例之间的冲突。这些类型的风险能弄垮甚至是最有实力的公司。ERM 建议这些风险应该出现在公司日程表上。绝大部分监管条例都以公平和透明为基础，这不应被视作是公司的负担。监管条例是外部环境的一部分：

建立外部环境

本步骤界定组织经营的外部环境。它也界定了组织及其外部环境的关系。例如，这可能包括：

- 经营、社会、法律、文化、竞争、金融和政治环境。
- 组织的优势、缺陷、机会和威胁。
- 外部利益相关者。
- 关键经营推动者。

特别重要的是考虑外部利益相关者的看法和价值观，并制定同他们沟通的政策。[3]

8.2.4　公共窗口

处理利益相关者的要求、经营风险和法规的机制，我们称作是公共窗口。这是组织面对公众的前沿部门。通过公共窗口，外界可以了解到组织正在做什么以及有什么新计划。关于 ERM 环境，公共窗口通过表明什么是可接受的以及什么是需要解决的，使外界深入了解组织的风险容量。对于银行业，明确规定了需要充分披露风险管理：

　　　　银行应向公众充分披露，以允许市场参与者评估其应对经营风险的方法。[4]

8.2.5　任务和远景

我们现在看看组织的内部过程。该过程开始于任务。公司的任务不仅仅是说"我们要这么最好或那么最好"。公司的任务来自于 ERM 环境，它考虑了此前出现在模型中的所有因素。此外，任务也来自于对不同利益相关者群体的期望差异的理解，并平衡强劲的业绩发展同法律、法规对其发展的限制。ERM 有助于确保该目标的实现：

　　　　在过去几年，人们越来越意识到利用有力的公司治理来管理风险的重要性。组织也正是在这种压力下来识别其面临的所有企业风险（社会、道德和环境风险以及财务和经营风险），并解释他们是如何管理这些风险以达到可接受的水平的。同时，随着组织逐渐意识到 ERM 框架比缺乏协调性的其他风险管理方法好，所以也越来越多地使用 ERM 框架。[5]

不过所讨论的目标首先必须有意义和价值，并来自于整个公司任务，这样 ERM 才对企业有真正的影响：

　　　　建立风险目标以支持选定战略并与选定战略均衡发展，这关系到整个公司的行动，并且这对成功至关重要。[6]

8.3　ERM 程序模型：阶段 II

我们已经建立了高层次方面的公司治理。现在我们需要转到剩余的部分中，看看好的风险管理需要什么样的环境。我们的模型继续如图 8—2 所示。

模型的每个新的方面描述如下。

8.3.1　经营计划过程

计划推动着大部分组织走向目标。经营计划模型设定了约束和推动者，这就允许员工很好地发挥其能动性。这就是为什么 ERM 过程必须将其自身与计划过程联系起来，才具有实际价值的原因。风险不仅汇报了计划过程，还以评估和分析计划准则的方式突然出现。在形成 ERM 时，要重新审视计划过程，以评估其帮助识别风险的方式及其如何应对风险。这是非常重要的。良好的计划寻求外部和内部环境

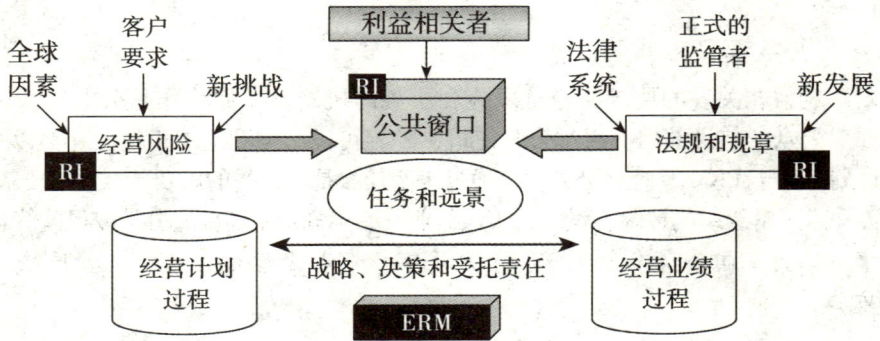

图8—2 ERM 程序模型：阶段 Ⅱ

的一致，并有效地对二者作出反应：

建立内部环境

在任何水平的风险管理活动开始之前，都有必要了解组织。关键的领域包括：[7]

- 文化。
- 内部利益相关者。
- 结构。
- 资源（如人、系统）的能力。
- 过程、资本。
- 目标和实现目标的战略。

建立内部环境是重要的，因为：

- 风险管理发生在组织的目标环境中。
- 大部分组织的主要风险是它们没有实现其战略、经营或项目目标，或者被利益相关者看来是失败的。
- 组织的政策、目标和利益有助于定义组织的风险政策。
- 必须从组织整体目标的角度，考虑项目或活动的具体目标和标准。

8.3.2 经营业绩过程

模型的另一方面是业绩管理系统。计划设定了组织的方向，而业绩管理把这些计划推动到个人和团队框架中。这意味着因评估现有的和紧急出现的风险而采取的行动能够落实到组织管理业绩的方式中。

案例研究　　　　　　　将风险管理目标增加到业绩目标中

在一线的业务部门，把来自于风险研讨会的行动计划同每个指定的风险所有者的个人目标联系起来。业绩评价系统涉及复核所有目标实现的方式，也涉及雇员如何进行风险管理。

8.3.3　战略、决策和受托责任

许多人认为，在武装雇员和激励其做出有利于组织的良好决策中，良好的风险管理是非常重要的。遵循这一思路，模型的下一部分将战略决策的制定和对高层决策的充分受托责任的确定联合起来：

当确定企业风险管理对四类目标分别有效时，董事会和管理当局能确信他们理解：主体战略和经营目标实现的程度，主体报告是可靠的，适用的法律、法规得到遵循。[8]

8.3.4　ERM

已经设定了外部和内部环境，现在我们转到 ERM 以及适合它应用的地方。我们可以问问哪些行动应包含在 ERM 中：[9]

- 清楚地表达和沟通组织的目标。
- 决定组织的风险容量。
- 建立恰当的内部环境，包括风险管理框架。
- 识别实现目标的潜在威胁。
- 评估风险（如威胁发生的影响和可能性）。
- 选择和实施风险应对的方法。
- 采取控制和其他应对行动。
- 坚持在组织的所有层面沟通风险的信息。
- 集中监控和协调风险管理过程和产出。
- 提供风险管理有效性的鉴证。

最后，ERM 的八个构成要素应包含在源自背景环境的风险管理方式中，以作为组织为实现其目标而制定的应对方法：

企业风险管理包括八个相互关联的构成要素。它们来源于管理当局经营企业的方式，并与管理过程整合在一起。[10]

8.4　ERM 程序模型：阶段Ⅲ

ERM 是对环境变化的应对。环境要求私人和公众部门实现其承诺，并且在这个过程中要行为妥当。在我们的模型中，到目前为止，我们能将 ERM 定义为实现其困难目标而制定的重要机制。本质上，ERM 要求企业的所有部门都留意影响他们工作方式的任何事，并采取所有合理的步骤来解决这些影响，以取得和保持进步。这种来自高层的心愿必须传达到一线的经营过程中。我们的模型继续如图 8—3 所示。

模型的每个新的方面描述如下。

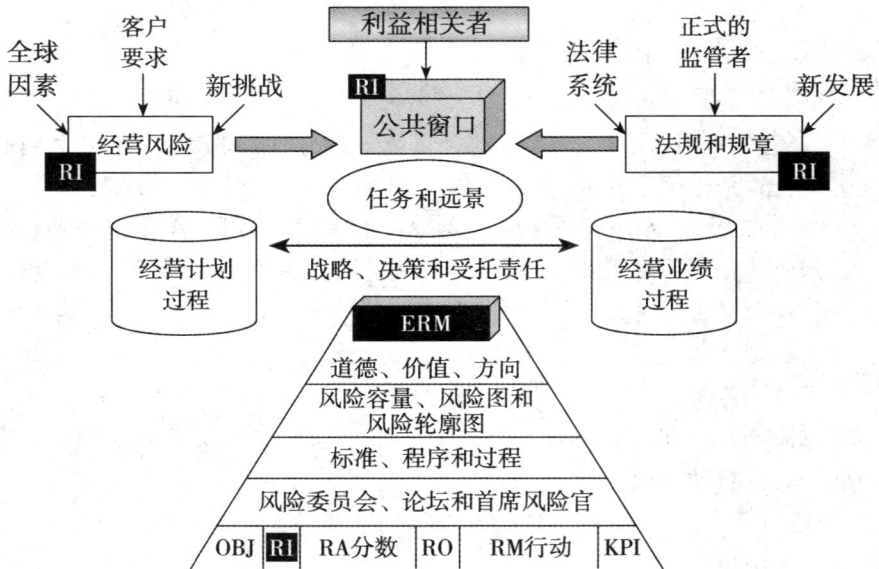

图8—3 ERM 程序模型：阶段Ⅲ

8.4.1 道德、价值和决策

我们已经从战略计划和风险评估的角度讨论了决策。现在我们看看决策的其他方面，如公司道德和价值。ERM 认为组织需要降低失败的风险，以满足最高行为标准，决策需要围绕这一目标来制定：

因为维护主体的良好声誉是很有价值的，所以行为准则的制定已经超越了仅仅符合法律的标准。道德支出和道德行为都是值得去做的好事。在运作良好的企业，管理者越来越接受这样的观点。[11]

道德规范倡导将责任置于组织中，以确保上述观点能实现。在此审计师是作为有价值的竞争者出现的：

内部审计师和内部审计活动在支持组织道德文化中应发挥积极的作用。他们在组织中拥有较高水平的信任、诚信，以及有效提倡道德行为的技巧。他们有胜任能力和运作能力来呼吁企业的领导、管理者和其他雇员遵循组织的法律、道德和社会责任。[12]

8.4.2 风险容量、风险图和风险轮廓图

模型的目标是扩大支持 ERM 的基础，这有助于建立透明的公共窗口。菜单上的下一个项目是组织以风险图的形式来定义自己，风险图描绘了风险影响其产品的轮廓。轮廓图需要一盏灯来照亮，以说明达到峰顶（代表高水平风险）和谷底（代表低水平风险）。亮灯是以组织所设定的风险容量为动力的，以应对关键利益相关者的期望。继续我们的类比，可能分离出危险的河流、垦区、坚实的地面和有

挑战的山峰。这样的框图成为组织所谓的"风险图"。CEO 和董事会负责绘制企业的风险图：

> 因为有关报告可靠性和合规性的目标是主体可控的，所以企业风险管理能够提供实现目标的合理保证。但是，实现战略目标和经营目标亦受到外界事项的影响。因此，对于战略和经营目标，企业风险管理能提供合理保证：管理当局和董事会处于监督的角色，能够及时地了解主体向实现目标前进的程度。[13]

8.4.3　标准、程序和过程

在已建立了支持风险管理的明确准则和程序后，我们就更接近于现实企业了。每个组织都需要解释其如何看待风险管理以及将如何应用它来促进经营。这不是一件容易的事。这意味着不仅要记录 ERM 的方法，还要并告诉人们如何对这个重要的考虑因素采用系统的方法。这样的步骤并不意味着简单地采纳公开指南，并将之送达管理者和职员。它涉及对如何把风险纳入企业的更多的详细评估中，以提供更好的成功机会。古语"万金油"在前段时间已经被废弃了，因为每个主体，甚至在同样的经营分部，都需要接受 ERM 过程，以理解其运营方式。例如，必须以灵活的方式应用 COSO ERM 构成要素：

> 八个构成要素不会对每个主体发挥同样的作用。例如，小规模和中等规模的主体可能是不太正式的和缺少条理的。但是小主体也能拥有有效的企业风险管理，只要每个构成要素都存在，并正常运行。[14]

8.4.4　风险委员会、论坛和 CRO

当我们记下结构，以有助于推动事物前进时，我们接近了 ERM 的最后框图。组织能制定数十项政策、准则和程序，来扩展其 ERM 远景。组织能将这些讯息传达其员工。组织应解释，让所有雇员理解其经营内的风险状况是很重要的。但是制定预算使 ERM 建立并运行，则是完全不同的。使用预算的最好方式是建立和采用结构，来领导相关的初始行动和程序，并确保新的安排正适合该工作。在我们查看是否使用风险委员会来推动 ERM 以使其遍布企业时，必须考虑审计委员会的监督职责：

> 纽约证券交易所公司的治理规则要求上市公司的审计委员会有书面的章程。该章程写明该委员会的职务和责任。其职责必须包括讨论与风险评估和风险管理有关的政策。[15]

某些组织继续建立风险委员会，用于向董事会直接报告建立和应用 ERM 的方式。可以建立各种风险论坛，这些论坛由管理当局、项目领导和/或来自于整个组织的代表组成。这些人能率先领导风险或帮助形成支持 ERM 的方法。这些群体是重要的，因为他们代表了业务部门和有行政决策能力的人，而不只是负有简单的监督责任。除提供对 ERM 的建议和指南，CEO 还要确保监控过程的有效：

可以通过两种途径来监控：通过持续的活动或单独的评估。ERM 机制通常被构建在持续的基础上来监控它们自身，最终到某个程度。[16]

最后的构成要素被称作首席风险官（CRO），他担任风险倡导者的职务。此人能作为专家的来源。关于组织应对风险的方式，以及程序和过程集中起来形成综合的整体的方式，此人是专家。在某种意义上，CRO 可以使用诸如本章所列示的模型来判断 ERM 的进展方式。关于 CRO 的责任，COSO 的观点总结如下：[17]

- 建立 ERM 政策。
- 构造 ERM 的权力和责任。
- 促进 ERM 的胜任能力贯穿于主体。
- 引导说明 ERM 和其他经营计划及管理活动。
- 建立共同的风险管理语言。
- 促进管理者形成报告议定书。
- 向 CEO 报告进度和建议。

8.4.5 目标、RI、RA、RM、行动和 KPIs

本章的最后一部分是基本风险循环。已经设定了环境，并放置所要求的结构，使前台和后台的人们都可以透过他们的经营位置来管理风险。在此再次使用著名的公式：

- 重温经营目标。
- 识别实现这些目标的风险（风险识别，RI）。
- 评估这些风险对目标的影响，以及这些风险实现的可能性（风险评估，RA）。
- 建立风险管理战略（风险管理，RM），以改善控制和建立对高水平风险的合理应对。
- 建立行动计划，以推进风险循环所要求的改革和改良。
- 确保行动整合到既定的关键业绩指标（KPIs）中，这样，可以监控进展，特别是战略上的重大风险领域。

在全球应用 ERM 的思考和方法时，应确保没有忘记基本的风险循环，这是很重要的事情。同时，风险循环能被整合到工作实务中，请看一个现实生活的例子。

案例研究　　　　　　　　**风险管理影响沟通文化**

在一个政府办公室，风险研讨会是人们联系方式的共同特征。风险研讨会逐渐成为自发的会议。在此，人们聚到一起，针对需要解决的问题集思广益，展开讨论。许多办公室都有活动挂图还有几把椅子放在角落。工作组不仅理解风险管理过程，还掌握了促进意见一致的技巧和良好倾听的技巧。同时，各级管理者授权他们的团队变更所提议的系统。这些被提议的系统是由职员列示的，并在每月的管理团队会议上讨论过。风险管理被作为是文化变更程序的一部分，以用来建立更开放的沟通，更好的过程和项目的所有权。

对目标的关注被坚定地植入 COSO ERM 立方体（如图 3—4）：

目标是指一个主体力图实现什么。企业风险管理的构成要素则意味着需要什么来实现目标。二者之间有着直接的关系。这种关系可以通过一个三维矩阵以立方体的形式表示出来。[18]

8.5　ERM 程序模型：阶段Ⅳ

我们已经为 ERM 提供了许多需要到位的重要构成要素。这使 ERM 有机会发挥其充分的潜能。模型下面的部分是建立初始行动的有力平台——这是经常被忽视的。我们的模型继续如图 8—4 所示。

模型的每个新的方面描述如下。

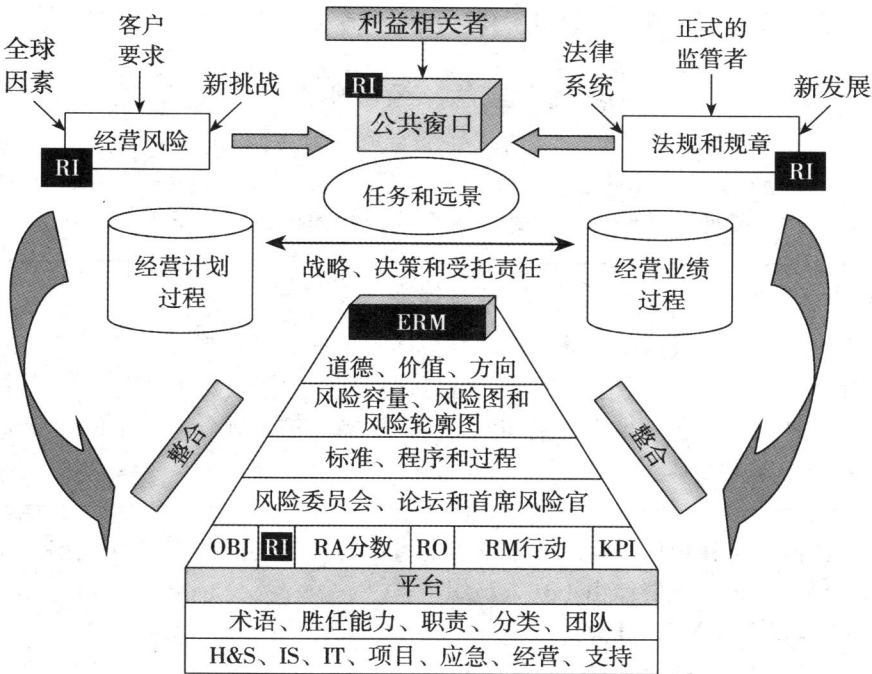

图 8—4　ERM 程序模型：阶段Ⅳ

8.5.1　平台

ERM 平台建立在一个简单的观点上：

组织中的每个人在确保成功地管理企业风险中都发挥着作用。但是识别和管理风险的责任属于管理当局。[19]

8.5.2 术语、胜任能力、职责、分类、团队

是否能够成为全面收获 ERM 好处的组织，取决于建立在简单观点基础上的支持平台的质量（即关于组织是否能够抓住新的发展机遇，基本等级的雇员是最重要的因素）。如果后勤部门、分部、项目人、技术员、推动者、接待人员、生产团队、当地办事处、总公司和公司的其他部门对风险概念和风险管理都感到舒适，那么就有希望做到：

> 几乎所有人都在风险管理中发挥一些作用。[20]

这有点像建一个新的园林景观，需要利用先进科技计划工作、任命设计师、规定地面如何开发，还要解决其他所有来自高层的建议。但是只有种植种子并让它们在地面上生长才意味着花园能真的兴旺。所以，设定明确的员工胜任能力准则对于有效的 ERM 是非常重要的：

> 胜任能力反映了执行指定任务所需要的知识和技巧。管理当局决定这些任务需要完成的程度，权衡主体的战略和目标与计划的实施和实现。[21]

8.5.3 H&S、IS、IT、项目、应急、经营和支持

下一个项目是调动组织内现存的每一个专家。但在使 ERM 到位时，这又被忽视了。与其开始 ERM 程序并让大家都在一个基点上，不如在组织中寻求这些团队，他们在其工作中曾使用传统的风险评估来形成风险团体，正如下面的例子。

案例研究   **风险团体**

一家组织已经形成风险团体。该团体由传统的一线风险管理人员组成。这包括保障、保险、IT、项目、金融、安全、应急计划和经营计划团队。他们对风险的观点被集中起来，在企业中推广，例如取得一致同意并被大部分雇员用作标准实践的术语、方法和基本工具。

宽松的网络工作群体，有助于创建构想、改善方法还能改进风险讯息在组织其他部分传播的方式。该群体由下述人员组成：

- 健康和安全人员（H&S）。
- 信息系统（IS）和信息技术（IT）。
- 项目经理。
- 负责应急计划、灾害发现和紧急经营支持的团队。
- 保险公司人员。
- 公司保险人员。
- 外部和内部审计师。
- 已经形成其自己的风险语言和技术的其他人。

8.5.4 整合

第一点要求是询问风险团队的每个成员：他或她是如何看待风险的，以及是否已经建立了任何共同点作为广泛的 ERM 过程的平台。为了排除这些人，可能会制造不好的心情。因为试图以简单的风险循环来销售风险概念，会让他们感到屈尊。不用说，内部审计师是风险职业的领导者，能够领导建立本方法，以确保应用下列原则：

> 企业风险管理不是一系列环环相扣的过程，即一个构成要素只影响下一个构成要素。它是一个多方向的、相互作用的过程，即几乎任何构成要素都能够影响另外的构成要素，而事实上也确实如此。[22]

8.5.5 风险识别

风险识别（RI）散落在模型中，试图说明风险管理仅仅是组织应对出现在企业雷达上的风险的方法。在完全成熟的以风险为基础的组织中，并不真的应用风险循环。风险循环被植入到组织中，是用来确保水平扫描机制到位的。该机制成熟到能够识别阻碍目标实现的任何事。这意味着关注风险识别就能知道：只要我们是在最适合的位置标出每个大的风险或正在增长的风险，以我们的控制能力将能够灵活地提供合理的应对。审计师是风险识别的一个主要来源，首席审计师在这个问题上扮演着独特的角色：

> 当高级管理者和董事会接受了未纠正所报告情况的风险时，CAE 应考虑通知董事会以前所报告的重大观察报告和建议是否恰当。当存在组织、董事会、高级管理者或其他变更时，这是非常必要的。[23]

8.6 ERM 程序模型：阶段 V

现在我们到了模型的最后三个部分，以完成这一综合考虑的动态而灵活的 ERM。我们的模型如图 8—5 所示。

模型的每个新的方面描述如下。

8.6.1 认证

我们已经建立了环境、平台和良好的文化，以确保经营风险能够被标识和解决。现在该鉴证其影响了。认证项目贴在模型中，以表明需要一个系统来激励、辅助、抓住正式的证书。该证书每个季度公布，以解释 ERM 是如何运作的。证书还意味着内部控制能够被关注并且正确运作。这特别适用于影响财务报告安排的控制。证书应反映了每个管理层实施 ERM 所做的努力，正如下面的例子所说明的。

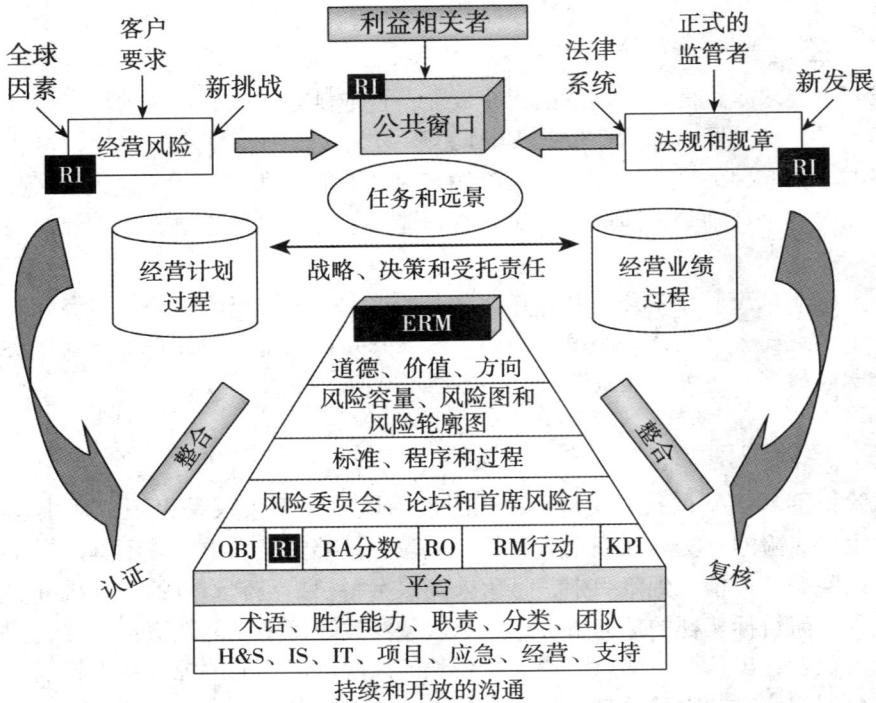

图 8—5 完整的 ERM 程序模型

案例研究　　　　　　　　　　　十大风险

一家设计公司将注意力集中到十大风险。这里要求董事会、管理当局、审计委员会、分部主管以及企业的所有部门都要决定他们的十大风险。如果有较高水平的剩余风险，要使用加速报告来监控大风险。利用信号灯模型，该模型有黄色、红色、绿色三个等级。在分配剩余风险给各种颜色代码时，黄色等级鼓励管理者具有高度选择性。整个企业风险管理过程包含着经营目标，并以界定组织中各种风险所有者（即需要实现具体目标的每个人）为基础。红色风险经常出现在日程表上，用于每个月的董事会会议。公司的主题建立在承受敏感风险的基础上，由主要经营管理者组成的风险论坛监督。使用短小会议、专题和风险研讨会每月更新风险循环（和风险登记簿），再编入计划及业绩计量框架。然后，更多详细的风险管理的计划就会被用于所有新的产品、变更的程序和较大的经营项目。

管理当局的证书可汇集成正式出版的内部控制报告。完成这个任务，有三个主要方法：

（1）电脑认证，遵从一系列既定的短语，通常是来自于公司律师的建议。

（2）描述一些知名的战略风险，例如持续的国际重组项目，伴随着采取某些步骤来确保风险得到控制。

（3）完整地描述已经采纳的 ERM 框架和计量，以确保其被理解和植入企业。

第三个方法的应用开始逐渐增多，因为该方法告诉利益相关者组织如何建立正确类型的过程，以支持长期的成功。

8.6.2　复核

有时候被 ERM 过程忽视的另一个问题是复核方面。ERM 太重要了，以至于不能偶尔设计、实施和放弃。它必须是持续地评估，以确保其正常工作，这才是有意义的。管理者向上报告他们管理风险的方式，除了这种内置机制之外，审计师在执行复核职责时，能提供最多的东西：

> 作为独立的，但又是内部的观察者，审计师具有独特的观点。审计师在治理过程中扮演着重要的角色。内部审计师使董事会、高级管理者和外部审计师了解风险和控制问题，评估风险管理的有效性……内部审计师必须保持独立性，但是我们不能只是指出什么错了，还应该提出一些解决问题的方法。[24]

这一点在 COSO ERM 中得到附和：

> 内部审计师在评估 ERM 的有效性和建议改善 ERM 方面发挥着关键作用。[25]

在我们离开审计过程前，应将外部审计师置于雷达，因为他们的贡献也得到了 COSO 的确认，记得主要的公司风险与财务错报有关：

> 外部审计师向管理当局和董事会提供独特的、独立的和客观的意见。该意见有助于主体实现其外部财务报告目标和其他目标。[26]

8.6.3　持续和开放的沟通

最后的项目走向良好 ERM 的核心（也就是说，沟通贯穿于组织）。如果我们能使人们接受风险日程表，该项目将取得明显进展：

沟通应传达：[27]
- 有效的企业风险管理的重要性和相关性。
- 主体的目标。
- 主体的风险容量和风险容限。
- 共同的风险语言。
- 在影响和报告 ERM 构成要素中，个人的角色和责任。

最后一点是非常重要的，因为 ERM 涉及对风险管理采用一种包容的方法：

> 对影响所有层面的意外结果，应提高认识。这为识别新风险和完善对现存风险的管理提供了无与伦比的工具。从这个意义上说，每个雇员都变为"风险管理者"。管理当局依然负责风险管理过程。但是，通过首先对所有雇员培训，让他们认识到风险管理对公司未来的重要性，然后确保结构生效，以允许雇员参与正在进行的风险管理，从而建立和提高了风险意

识的门槛。[28]

使员工由来自所有等级和所有领域的风险管理者组成，这是真正的目标。当风险的标签越来越少时，人们开始讨论更好的业务提供，然后我们能够更接近有权力的员工。该员工不再相信事物的发生是由命运安排的，而是充分理解人们能够对其工作采取控制，生产的结果能够满足、超越甚至令主要利益相关者惊喜。而这更多地依赖于知识的分享和企业的不同部分之间的相互联系。伴随着复核职责，这是审计师擅长的另外一个领域：

> 通过分享知识和构建桥梁，内部审计师能教育和告知过程所有者、管理者和执行领导，贯穿于组织的日新月异的经营风险状态和有关的控制。[29]

8.7 小结

审计师每年会对整个风险管理过程进行高水平的复核，以强化对各种高风险领域和补充的个别计划的审计。执行风险管理过程所有审计的一种方法是通过如下五个步骤来完成的：

（1）决定组织如何向利益相关者报告其 ERM 框架和内部控制系统。

（2）评估在经营计划和经营业绩过程中风险被评估的程度，以确保战略、决策制定和明确的受托责任在推动企业前进。

（3）按照适当的模型（如本章所使用的完整模型）评估 ERM 框架的每个构成要素，判断是否有可靠和有效的系统，以确保 ERM 实现其目标——改善经营业绩和完成公司使命。

（4）确保各种有效的机制。无论是在战略形成和实施之前、期间和之后，这些机制可以识别组织所有层面现存的、新的或紧急出现的风险。

（5）编制审计报告，以评论组织 ERM 的可靠性，以及任何良好实务、薄弱领域和所需步骤的细节，以确保 ERM 能够满足质量要求的最高标准（在管理当局和员工认为风险成熟的背景下）。

请注意，附录 A 的检查表可以用来评估 ERM 系统的整体质量，也可以用来判断支持和复核 ERM 过程的审计方法的类型。

注释

1. Lawrence B. Sawyer, Mortimer A. Dittenhofer, and James H. Scheiner, *Sawyer's Internal Auditing*, 5th ed. (Orlando, FL: Institute of Internal Auditors, 2003), p. 122.

2. Institute of Internal Auditors, Practice Advisory 2100 - 7.

3. Australian/New Zealand Standard: Risk Management AS/NZS 4360:

2004, p. 14.

4. BASEL Committee on Banking Supervision, Bank for International Settlement, February 2003, Principle 10.

5. Institute of Internal Auditors, UK & Ireland, Position Statement 2004, *The Role of Internal Audit in Enterprise-Wide Risk Management.*

6. Committee of Sponsoring Organizations, *Enterprise Risk Management*, September 2004, p. 36.

7. Australian/New Zealand Standard: Risk Management AS/NZS 4360: 2004, p. 14.

8. Committee of Sponsoring Organizations, *Enterprise Risk Management*, September 2004, Executive Summary.

9. Institute of Internal Auditors, UK & Ireland, Position Statement 2004, *The Role of Internal Audit in Enterprise-Wide Risk Management.*

10. Committee of Sponsoring Organizations, *Enterprise Risk Management*, September 2004, Executive Summary.

11. *Ibid.* , p. 29.

12. Institute of Internal Auditors, Practice Advisory 2130 – 1.

13. Committee of Sponsoring Organizations, *Enterprise Risk Management*, September 2004, Executive Summary.

14. *Ibid.*

15. *Ibid.* , Application Techniques, p. 97.

16. *Ibid.* , p. 75.

17. *Ibid.* , p. 87.

18. *Ibid.* , Executive Summary.

19. Institute of Internal Auditors, UK & Ireland, Position Statement 2004, *The Role of Internal Audit in Enterprise-Wide Risk Management.*

20. Committee of Sponsoring Organizations, *Enterprise Risk Management*, September 2004, p. 88.

21. *Ibid.* , p. 3.

22. *Ibid.* , Executive Summary.

23. Institute of Internal Auditors, Practice Advisory 2060 – 1.

24. LeRoy E Bookal, past Chairman of II A, Inc. , "Internal Auditors: Integral to Good Corporate Governance," *The Internal Auditor* (August 2002), pp. 45 – 49.

25. Committee of Sponsoring Organizations, *Enterprise Risk Management*, September 2004, p. 88.

26. *Ibid.* , p. 89.

27. *Ibid.* , p. 71.

28. Neil Cowan, *Corporate Governance That Works* (Prentice Hall/Pearson Education, South Asia Pte Ltd, 2004), p. 43.

29. Nancy Hala, "Unlock the Potential," *The Internal Auditor* (October 2002), pp. 30 – 35.

附录 A　应用 ERM 诊断工具

　　本书的每一章都以审计报道的形式，描述了风险管理的关键方面及其内部审计的含义。我们已经建立了各种模型，来帮助解释手头某些的问题。每章的编制都把关键问题分离出来，并描述了各种因素相互关联的方式，以形成风险管理概念的完整框图。最后一章试图将主要的问题集中到一个综合的整合框架中。附录 A 采用主要章节中的大量材料，构建了综合的检查表。审计师可以使用第一份检查表来评估组织在实施 ERM 时处于什么位置。另一份单独的检查表着手于审计方法，可用来判断在审计 ERM 过程时，审计师所处的位置。这两份检查表可一起用作一般的诊断工具或者基准，以判断风险管理的状态和决定审计资源集中到哪里能产生最好的结果。

　　通过建立能够被用于风险管理过程审计的综合模型，我们开始本附录。本模型的每部分由模型之后的两个检查表来处理。更加详细的检查表包含 11 个主要要素和 150 个问题，用来计量 ERM 过程的有效性。短的检查表有 10 个主要要素和 50 个问题，可用于评估应用于实施 ERM 过程的审计方法。请注意，这两个检查表上的每个问题都必须回答，回答可参考更加详细的子问题。子问题应由使用者编制，以适应组织或经营单元的环境以及审计部门所使用的方法。此外，检查表应相当通俗，以反映他们适用于所有类型的组织这一事实，包括公众部门、私人部门和非营利部门。

　　给检查表上的每个项目分配 1 到 10 分，这是可能的：

1　　根本不符合标准

5　　部分的符合标准

10　　完全符合标准

　　二者之间的分数将反映组织、经营单元或工作领域在两个极端（1 和 10）之间所处位置的最好估计。

经营风险　　　利益相关者　　　监管风险
声誉

公司任务

委员会
ERM　　　　　　　　公司战略　　　　　　　审计委员会

构建平台　　　　　　　　　　　　　　　　　RM超载

报告　　　　职责　　层次一　层次二　风险成熟度　层次三　层次四　道德　　　收益
政策　　　工具　　　　　　　　　　　　　　　　　　　　　实际检查
过程　　记录
　　　　　　　　　　　文化　能力
整合　　　　　　　核心价值　　托付
　　　　　　　　　　　风险容量
　　　　　　　　沟通　　　背景　　明晰性
　　　　　　　　挑战　一致性

经营计划　RM循环　业绩管理
决策

因素	低	中	高

审计方法

咨询　　　　　　　　　　　　　　　　　鉴证

风险为基础的
审计计划

建议　　　领导　　　　　独立性

控制文化

初步调查
CRSA
WS　　　　　　　　　客户调查

访谈

管理当局鉴证　　经营风险登记簿　　　　审计证据

SIC　　　　　　　　　　　　　　　　　收集

审计鉴证

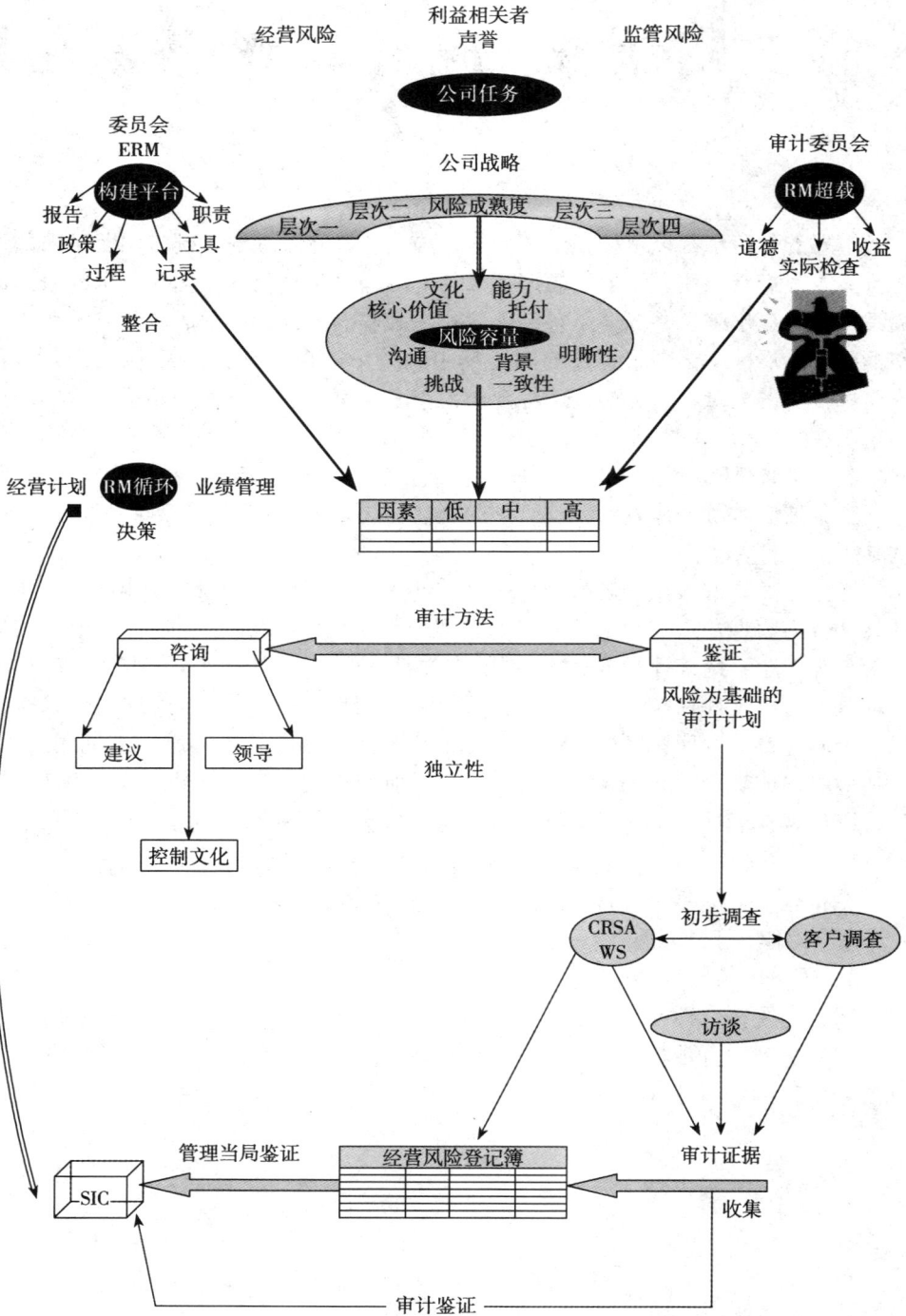

图 A—1　全面的 ERM 审计框架

评估 ERM 构成要素的检查表
利益相关者

A. 利益相关者：利益相关者的利益应构建到组织认识和管理风险的方式中。	分数（1－10）	证据	行动
A.1 识别对组织有（或可能有）直接影响的利益相关者，并评估他们的期望，以及这些期望随着时间而发生的任何变化。这样的有效程序吗？			
A.2 通过什么来识别利益相关者可能对组织有兴趣？评估他们的期望，以及这些期望随着时间而发生的任何变化。这样的有效程序吗？			
A.3 识别以前分散的利益相关者群体。这些利益相关者可能以意外的方式对组织共同施加压力。这样的有效程序吗？			
A.4 识别不同利益相关者群体的风险容量，并判断其是否符合组织尽可能接受的风险容量。这样的有效程序吗？			
A.5 识别组织的不同利益相关者群体的看法，并判断其会严重损害组织名誉的任何事项。这样的有效程序吗？			
A.6 就组织理解和管理风险的方式，让关键利益相关者展开双边对话。这样的有效程序吗？			
A.7 组织有这样的有效程序吗？在应对已经损害企业的风险时，该程序用来管理媒体，以确保市场对组织继续保持信任。			
A.8 组织有这样的有效程序吗？该程序用来向利益相关者传递关键讯息。讯息是关于：组织的诚信、受托责任和透明度，以及决策做出和实施的方式，该方式应包含和采纳这些利益相关者对风险的认识。作为同客户、合伙人和其他利益相关者相互作用的一部分，职员是否充分了解这些讯息及其重要性？			
A.9 关于高层战略风险，以及 ERM 如何帮助企业以最恰当的方式解决这些风险，组织同其利益相关者是否展开有效的对话？			
A.10 允许组织就关心的问题浏览经济报刊。这些问题也影响着类似的组织，也会产生组织管理风险方式的问题。这样的有效程序吗？			
A.11 当企业的一个部门依赖于另一个部门时，特别是涉及内部客户时，利益相关者的想法是否成为目标设定和贯穿于组织的风险评估/管理的一部分？			

总分：		得分：		百分比：

经营风险

B. **经营风险**：组织应认清经营环境产生的风险，并能够将此信息以恰当和有效的方式提供给 ERM。	分数（1－10）	证据	行动
B.1　经营的全球风险来自于国际市场环境的变化和经济波动。组织能识别该种风险吗？			
B.2　经营的环境风险来自于其产品、雇工政策、扩张计划和其他战略因素的暗示。组织能识别所有重大环境风险吗？			
B.3　是否存在有效的程序，用来全面浏览所有的影响组织目标实现能力的外部因素和最新进展？该程序同类似组织或竞争者组织所应用的程序一样好（或比之更好）吗？			
B.4　当出现威胁（或事实上损害）经营能力（如：物质实体的、知识的、智力的或信息的）的情形时，确保作出动态的应对。有这样的专业能力和资源战略吗？就现行的、新的和潜在的进展，这种应对是否有充足的资源并经过充分测试？			
B.5　确认并考虑关于舞弊、滥用和违规出现的趋势和实务。有这样的正式过程吗？			
B.6　确认并考虑对组织财务管理有潜在影响的利率、汇率、供货情况及商品价格的趋势和实务。有这样的正式过程吗？			
B.7　就经营的质量、效率、可持续性和效果，确认并考虑任何内部因素。这些内部因素对组织的持续经营运作显示出风险。有这样的正式过程吗？			
B.8　确认并考虑类似组织就合同争议和采购项目的民事诉讼出现的趋势和实务，特别是有关大型信息系统和建造软件方法的。有这样的正式过程吗？			
B.9　确认并考虑这样一种需要，雇员有天赋和胜任能力使经营在现在和未来都增长，以符合目前的战略方向和变化。有这样的正式过程吗？			
B.10　就如何最优化经营过程的执行以及应对使用者、客户和其他利益相关者更改期望的方式，COSO ERM 和其他已出版的指南影响组织及其经营过程。应确认和考虑在 COSO ERM 和其他已出版的指南中交流的最好的实务问题。有这样的正式过程吗？			
B.11　经营风险的概念是否把风险视作是可能错过的机会或者是对实现目标构成威胁的因素？			
总分：	得分：		百分比：

监管风险

C. 监管风险：组织应认清监管机构和法律条款的期望，确保组织应对妥当。	分数 (1 – 10)	证据	行动
C.1 以动态和承诺的方式包含法律法规要求的精髓，而不是将法规理解为是最低程度的遵循标准，并尽可能的获取法律漏洞的好处。组织是否具备这样的政策？			
C.2 确保组织能够遵守联邦和州法律，并考虑影响组织的未决法律诉讼产生的新的尝试性的问题。是否存在这样的有效程序？			
C.3 对于影响组织所在行业或服务领域的规则和指示，确保组织能够承担遵守该规则和指示的全部责任，并考虑权威和咨询机构发布的公开指南和草拟条款所形成的新的尝试性的问题。是否存在这样的有效程序？			
C.4 确保经营战略和过程完全遵循所有法律或法规条款，以促进合规，并完全解决了满足监管者、检查者和其他权利机构期望的风险。是否存在这样的有效机制？			
C.5 是否在组织和相关的监管者之间建立了有效对话，以促进相互联系和相互理解，以鼓励更好的合规和更好的工作实务？			
C.6 组织所有层面的职员是否都很好地理解了法律、法规和程序条款，以帮助其采纳和遵循影响其工作的所有此类条款？			
C.7 允许和鼓励所有的雇员、相关者和合伙人报告：关于组织能够遵循相关法律、法规和程序条款的程度，以及提供此类问题领域的报告如何能以公开和胜任的方式得到完全地调查和解决。是否存在这样的有效程序？			
C.8 高级管理者是否理解监管条款和指南的必要性？这种理解将鼓励减少义务，而这种义务指按专业和受托责任来提升诚信和领导的义务。			
C.9 合规问题是通过完成大量的对经营无实际价值或益处的详细检查表来完成的。组织是否采取步骤以确保合规问题不被视作经营的负担？			
C.10 是否向雇员充分解释了：支持 ERM 实务以及导致风险减缓决策的良好证据，应满足监管者以及可能来自被指定的检查者或合规小组的外部调查/复核？			
C.11 组织是否完全采用 ERM 框架来解决违反监管和法律条款的风险以及经营风险？			
总分：	得分：		百分比：

公司战略

D. **公司战略**：利益相关者的期望、经营问题和监管因素影响组织实现其目标和在市场取得成功的能力。组织的公司战略应是由这些风险推动的。	分数（1－10）	证据	行动
D.1　公司战略是否考虑了董事会层面所识别的风险？			
D.2　公司战略是否配合风险政策，考虑风险的定义、识别和结合？这里的结合，是指将风险结合到做出及实施决策的方式中。			
D.3　应确保根据公司战略制定目标，这包括将实现这些目标的责任分配到明确的执行官，相应地允许这些人成为影响目标的风险的指定所有者。有这样的过程吗？			
D.4　应充分识别不同类型的主要利益相关者和其他利益相关者的各种义务，以平衡高度影响业绩和组织的监管/合规背景。战略制定的过程是否结合了对该平衡的必要性的了解？			
D.5　需要确保收入渠道、成本控制和经营成长机会不侵犯其他人的权利或者不损害公司公正和诚信的声誉。公司战略考虑过这些道德因素吗？			
D.6　需要应对利益相关者快速回报的期望，也更需要广泛地确保经营增长和市场占有率在现在和将来是完全能持久的。这两种需要之间存在着固有的冲突，也就伴随着没有调节好任何此类冲突的风险。公司战略是否解决了此风险？			
D.7　以战略设计及实施相关的主要方面和关键风险的方式，向雇员传达公司战略。有这样的健全系统吗？			
D.8　应该考虑与现有项目相关的风险以及成功实施广泛的经营战略的连锁影响。公司战略是否充分配合这些项目和信息系统的改善？			
D.9　公司战略是否结合了风险战略的语言和观点，以形成综合的方法来处理公司战略未实现其预定目标的风险？			
D.10　关于依赖于有效地管理风险，ERM 出自公司战略吗？相应地，关于承担出自风险管理框架的事项识别因素的风险，公司战略是否由 ERM 告知？			
D.11　应根据 COSO ERM 的维度——战略、经营、报告和合规目标，形成不同层次的目标。公司目标了解这种必要性吗？			
D.12　公司战略是否结合了属于各种定义类别的风险和正式的模型（如 COSO ERM）？			
总分：	得分：		百分比：

风险成熟度

E. 风险成熟度：组织应建立相应的风险成熟度，并在雇员和经营过程中发挥作用。在考虑主要利益相关者的期望时，组织应寻求发展一项战略：该战略应取得充分进展，以实现满意水平的风险成熟度。	分数（1-10）	证据	行动
E.1　就全部记录了的任务，组织是否已制定其希望通过 ERM 框架实现的内容？			
E.2　组织是否存在有效的过程？通过该过程建立组织所处的风险成熟度，该风险成熟度同设定的标准和正式调查应达到的风险成熟度水平相符。			
E.3　组织是否已建立了正式的风险成熟度水平？就每个水平的指标，组织是否已经建立了需要实现的内容？			
E.4　组织是否已实施正式的项目，以推动企业通过不同水平的风险成熟度？组织是否有董事会水平的正式胜任的风险倡导者，作为项目领导？该工作被视作整个经营战略的重要部分。			
E.5　应明确组织能够通过不同水平的风险成熟度，促进项目发起者监督进展和做出对现有任务有帮助的决策，并运用信息系统来记录项目的进展。组织已经界定了该信息系统吗？			
E.6　组织是否确定了对 ERM 项目的正式预算，以承诺需要努力确保有足够的资源，特别是在早期阶段？尽管如此，应将项目建成现有经营过程的一部分，而不产生新的记录和报告系统。产生新的记录和报告系统则表明，风险管理没有融入组织的实际经营中。			
E.7　ERM 项目是否并入行动要点？该行动要点是：必须采取步骤使员工和遍布组织的经营系统获得消息和技术。是否授权并促进风险倡导者做出关于在经营中推动 ERM 的决策？			
E.8　是否存在一个健全的系统，从而使董事会能够监督 ERM 促进组织风险成熟度的进展？董事会是否能够理解和签署任何必要的办法，该办法是风险倡导者（项目领导）使问题取得进展所需要的吗？			
E.9　为了有效识别、评估和管理实现目标的风险，组织是否应定期用职员调查来计量（和采取行动）：雇员理解 ERM 的程度；雇员能够采用技巧和方法的程度。			
E.10　ERM 是否被视作是必须小心实施的框架，以确保其成功？这包括使用试验性计划，通过经验学习来改善风险并入组织运作的正式过程和非正式文化中的方式？			
E.11　风险成熟度项目是否考虑和解决了在组织实施新的思考方式和工具时所固有的困难，即使这些变化是为了更好的经营成果而设计的？			
E.12　ERM 实施项目是否与任何文化变更计划一致？设计文化变更计划，是为了使人们对其工作承担更多的责任，并将控制视作是改善成功机会的授权措施。			
E.13　风险成熟度项目是否要考虑需小心使用时间和资源，以确保对风险的迷恋没有取代实际问题——即，使人们建立更好的经营决策并对之负责？			
E.14　风险成熟度项目是否考虑了：在需要和适当的时候使用简单设备（例如，带有红、黄和绿颜色编码的报告）来鼓舞管理当局的行为？			
E.15　风险成熟度项目是否考虑了技术方面（例如，报告软件、风险数据库和投票技术）的额外投资？			
总分：	得分：		百分比：

董事会 ERM

F. **董事会 ERM**：董事会应建立 ERM 政策。该政策解决适当的 ERM 框架的关键构成要素。	分数 (1－10)	证据	行动
F.1　ERM 政策规定组织如何发展和实施其 ERM 过程，既要考虑最好实务、公开指南、外部和内部审计师的观点的所有方面，又要在组织的背景下制定。董事会是否采纳了正式的 ERM 政策？			
F.2　应以最适合组织现有文化、经营过程以及员工操作的方式，抓住相关的问题。风险政策是否使用风险的定义和通用的语言来这样做？			
F.3　是否正确阐明了风险政策的益处？为了确保取得这些益处而做的打算，是否完全实现了？请铭记，与发展、实施有效的 ERM 过程有关的成本。			
F.4　关于 ERM 在组织中的设计、应用和复核，风险政策是否充分阐明了官员、管理者、相关者（associates）、合伙人、审计师和所有雇员的角色和责任？			
F.5　风险政策是否直接参考了适当的 ERM 框架（如 COSO 模型）和内部控制框架（如 COSO 或 CoCo）？关于内部控制系统，风险政策是否明确 ERM 和披露责任之间的联系？			
F.6　就符合模型规定的标准，风险政策包括 COSO ERM 框架的所有八个构成要素吗？			
F.7　关于所界定的最适合组织的风险成熟度模型，应考虑如何实施 ERM。风险政策是否包含这样的考虑？			
F.8　应确保基本的风险循环（即，目标、识别、评估和管理）被构建到经营过程中，以确保整个组织正式考虑和核算风险。风险政策是否结合了确保这一点的方法？			
F.9　为了确保实现利益及预定意图，以满足关键利益相关者的期望，风险政策是否参考了复核和评估 ERM 的方式？			
F.10　尝试将 ERM 植入经营，确保以有效（包括效率和效果）的方式处理风险，这包括灵活适应组织方向或节奏的变化。风险政策是否规定了这种合理的尝试？			
F.11　关于董事会认为最会对经营产生挑战的一系列首要风险，董事会成员是否明确其相对管理当局的重要优先权？			
F.12　董事会是否建立了一套明晰的准则，该准则包括使用 CRSA 研讨会、交谈和职员调查，以确保风险循环植入企业的所有部分？这些准则源于国际上使用这三种技术的最好实务。			
F.13　董事会是否签署了明确的最少记录的准则，包括按照外部和内部审计师建议的 ERM 活动的形式、证据、存储和接触？			
F.14　董事会是否签署了明确的最少记录的准则，包括按照外部和内部审计师建议的 ERM 活动的明晰性、简捷性、决策制定和优先权？			
总分：　　　　　　　　　 得分：			百分比：

构建平台

G. 构建平台：组织应建立合适的平台，以构建、支持、鼓励和维护有效的 ERM 过程。	分数（1－10）	证据	行动
G.1 组织内支持主要决策的报告是否了解风险的概念，并寻求确保此类决策考虑了组织所应用的风险容量？			
G.2 风险政策和其他公司政策相互连接的方式应有适当的交叉参考，并同其他政策兼容，以形成适合 ERM 概念的完整的组织蓝图。这样的相互连接存在吗？			
G.3 所有关键的共同过程和地方经营过程是否都结合了 ERM 构成要素的内容，以促进植入的风险管理过程？			
G.4 组织编制的支持管理当局责任的重要记录是否包括对风险评估的参考，以促进所有重大经营部分的 ERM？			
G.5 可采用所有合适的工具和技术来支持 ERM。管理者和职员是否理解这些工具和技术？这些工具和技术是否有助于风险识别任务的方式应用，从而可以被计划和决策机制消化？该机制是否在运作前台和后台办公室中普遍应用？			
G.6 组织的经营管理者和工作组的既定职责和责任是否考虑了实施 ERM 政策并对此任务负责的需要？			
G.7 在可能的时候采取充分的步骤分享信息，以确保所谓的责备文化不以任何有意义的方式影响风险所有制的分配。组织的文化是否支持这一点？			
G.8 以令人鼓舞的方式在组织中传递风险政策的讯息，这样所有的雇员都能够接受风险和风险管理的概念。组织是否采取了切实的步骤这样做？			
G.9 向合伙人、承包商、经营相关者（associates）妥善传递 ERM 过程。该传递方式是否明确遵循风险政策的必要性，并确保在所有影响组织目标的经营交易和冒险事业中保持了诚信、可靠性？			
G.10 ERM 过程的实施方式是否设计为：帮助构建雇员间的信任，以鼓励分享风险在经营单元和结构中向下、向上和水平的信息？			
G.11 高级管理者是否复核风险管理在其负责领域的应用？作为该复核的一部分，他们是否有共同达成的标准来衡量该进展？			
G.12 对成功实施变更程序的所有风险，在确保恰当管理这些风险前，应确保能够识别这些风险，并评估这些风险的影响和可能性。风险管理是否以这样的方式构建到变更程序中的？			
G.13 风险管理国家论坛和会议能更新和洞察 ERM 新问题。组织是否参加了这些论坛和会议？			
G.14 对于同行业其他组织最近经历的错误、事故和问题，是否有明确的机制对此作记录，并将这些关注植入 ERM 过程，以建立警示和学习的教训？			
G.15 风险管理专家来自于从事健康与安全、保险、项目管理以及 IT 安全的人员。组织是否使用所有这些可获得的在职风险管理专家来帮助拓展风险讯息和发展非专家职员所应用的公司风险准则？			
G.16 如果对组织前台和后台办公室的 CRSA 非常信赖，那么是否存在有效的过程来确保：CRSA 研讨会是由擅长此任务的人协助，并且这些研讨会的可靠性及影响符合最高质量标准？			
总分： 得分：			百分比：

审计委员会

H. 审计委员会：审计委员会应有明确的监督职责，来确保以有意义的方式建立和应用 ERM，在满足关键利益相关者的期望方面发挥良好的作用，以满足其陈述的目标。	分数 （1 – 10）	证据	行动
H.1　审计委员会的职权范围是否包括组织的 ERM 过程的明确立场？审计委员会除了监督 ERM 过程，并向主要委员会报告相关事宜外，不负责风险管理的可靠性。审计委员会是否明确这一点？			
H.2　审计委员会拥有对 ERM，以及对组织建立和实施 ERM 的方式的良好理解吗？这些理解靠对组织内部的充分定位和不断更新的讲座，以及组织外部的专业论坛来支持。			
H.3　审计委员会是否以最适合组织及其利益相关者利益的方式，监督 ERM 满足要求的程度？这些要求包括具体行业、股票市场和/或公共部门监管者和一般实务指南的要求。			
H.4　如果合适，风险委员会和任命的首席风险官组成的专家论坛能帮助满足审计委员会的监督责任。审计委员会是否考虑并确定了该论坛的必要性和职责？			
H.5　内部控制披露要求也应成为审计委员会监督责任的一部分。审计委员会是否建立了公司 ERM 和内部控制披露要求之间的有力联系？			
H.6　审计委员会是否有能力考虑：通过 ERM 过程建立的各种职责和责任妥善执行的程度；该程度是否在使组织受益的同时，完全有助于 ERM 的成功？			
H.7　通过一套机制来促进、支持和鼓励 ERM 过程。该机制包括需要使雇员接受支持性的概念和技术，并将这些事项结合到他们的日常工作中。审计委员会有这样的正式机制吗？			
H.8　通过一套机制，使审计委员会能结合对重大经营风险解决方式的监督，来复核和监控 ERM 的执行方式。审计委员会有这样的健全机制吗？			
H.9　审计委员会是否同首席风险官（或者风险倡导者）以及内外部审计师，就其对 ERM 有效性的帮助，建立了建设性关系？			
H.10　应为 CRO 和风险倡导者制定明晰的胜任能力和技巧说明，这意味着保证恰当的人在经营单元设计、实施和销售 ERM。审计委员会是否参与了这种制定？			
H.11　开始调查影响 ERM 过程的任何事项、弱点和所报告的问题，或建议影响组织而又无法解决的实际关注，包括需要确保任何教训都被反馈到风险循环采用的方式。审计委员会有适当的培训来这样做吗？			
H.12　资源中心的首席风险官或内部审计师擅长在组织中培育风险管理。审计委员会是否从资源中心获得充分的支持和信息？			
总分：　　　　　　　　　　得分：			百分比：

风险管理超载

I. 风险管理超载：ERM 应被整合到企业工作的方式中。如果该工作被视作追逐乏味的文章，与实际工作基本不相关，则董事会应对此迹象保持警惕。	分数 (1－10)	证据	行动
I.1 风险管理活动（例如，过量的风险研讨会）使企业日程表超载，导致职员的不满。董事会是否对此迹象保持了警惕？			
I.2 管理者和工作团队对 ERM 的贡献很小，导致详细的记录（例如，风险登记簿）没有渗透到实际的工作优先权中。董事会是否对此迹象保持了警惕？			
I.3 风险管理置于企业和经营之上，被当作一种监管要求，以最少的努力去为之，以应付外部的复核，别无其他理由这样做。董事会是否对此迹象保持了警惕？			
I.4 风险被孤立地视作狭隘的概念，它主要与影响经营持续性的一次性事件（incident）和偶发事故（accident）有关，它可以通过危机管理和（或）有计划来处理。董事会是否对此迹象保持了警惕？			
I.5 ERM 创造了彻底回避风险的员工，该员工开始害怕风险，他们将风险视作对经营的无限潜在的破坏。最好的解决方法就是根本不给机会，甚至当好的经营机会自己送上门来时。董事会是否对此迹象保持了警惕？			
I.6 风险被视作任何影响多赚钱的事情，而没有将风险和其他补充目标（例如，遵循高标准的道德行为）联系起来。董事会是否对此迹象保持了警惕？			
I.7 ERM 被理解为符合风险政策的事情，而没有真的希望在经营领域已评估风险水平之后，通过增加确定性、减少惊奇、并减少麻烦的控制的机会而使企业受益。董事会是否对此迹象保持了警惕？			
I.8 主要的决策完全是在 ERM 框架之外做出的，其前提是：风险是审计的事，与实际的，甚至有时是紧迫的经营情况无关。董事会是否对此迹象保持了警惕？			
I.9 ERM 被视作与内部控制无关，因为对实现经营目标不可接受水平的风险，管理者能够评估其控制对解决该风险的有效性。董事会是否对此迹象保持了警惕？			
I.10 ERM 不能深入到企业现实中，在那里人是成功的真正主导因素。在那里人们的行为方式以及相互联系的方式有时是不可预料的。董事会是否对此迹象保持了警惕？			
I.11 一种责备文化存在于组织的某些部分，这意味着不能正确建立 ERM 和支持 ERM 的明确责任。董事会是否对此迹象保持了警惕？			
I.12 外部咨询师采用预先打包的数据库和报告软件。这些数据和报告软件可能不适合该组织的经营背景。董事会是否对此迹象保持了警惕？			
总分： 得分：			百分比：

整合

J. 整合：董事会应确保风险管理循环完全整合到组织及其经营系统中。	分数 (1－10)	证据	行动
J.1　是否有信息中心和指南中心帮助管理者处理 ERM，该中心也结合帮助热线和适当的内联网来展示相关问题？			
J.2　ERM 是否被构建到经营计划机制中？在建立和实施组织所有层次的计划时，ERM 是否考虑了与风险、近期失误和经营问题有关的统计数据？			
J.3　ERM 是否成为更重要的决策过程的一部分？ERM 是否正确地遵守了所有层次的管理授权和责任安排，以确保在评价和选择方案时解决了高优先权的风险？			
J.4　ERM 是否被构建到业绩管理系统中？因为风险评估所导致的行动应体现业绩目标，以确保有更多机会实现这些行动。			
J.5　为确保组织通过各个风险成熟度阶段而设定的目标，是否已经反映到所有雇员的业绩目标中？			
J.6　具备适当水平的风险处理能力是很重要的，应在招聘、提升职员时检查对这些技巧的处理和理解。无论是关于风险管理的概念、工具、方法，还是作为更广泛的培训研讨会的一部分，这些都应融入到职业培训和发展计划中。ERM 是否包含职员胜任能力的部分？			
J.7　风险敏感的员工能够在经营单元工作，将 ERM 过程并入一般经营系统。组织是否努力工作以形成风险敏感的员工？			
J.8　为了促成风险敏感的员工的形成，对于已经并入了雇员工作职责的风险管理，所有的雇员是否接受了其风险管理责任？			
J.9　将风险以及风险穿越组织不同系统和部分的方式，构建到工作方式中，以提升 ERM 的原则。这是非常重要的。组织的所有部分是否理解其重要性？			
J.10　如果建立控制，是为了减缓所有不可接受的经营风险，并且就所花费的成本而言，是适当的。风险管理是否成为新信息系统控制的一部分？			
J.11　所有的重要合同、协议和合资项目，是否与和约的当事人明确了对风险的责任？这里的风险包括已知的风险，以及伴随项目的推进过程而新产生的风险，或者不可预见的问题成为显而易见的事情。			

续表

J.12　是否存在胜任的架构，使组织中的人们能集中（例如，风险论坛或者风险工作群体）起来，在首席风险官（或内部审计师）的帮助下，将风险反馈到他们各自的工作领域？			
J.13　风险的识别、评估和管理是由目标推动的，在组织中制定目标的方式是否按照目标在风险循环中的重要性进行了复核？			
J.14　为了目标的明晰性和可实现性，组织是否已经复核其责任安排，以确保人们清楚他们的责任，并确保这些理解接下来能够支持风险所有权的概念？			
J.15　组织是否定期举办风险概念研讨会，以确保使用事件、会议、网络展示、新闻简报和其他手段帮助雇员理解和运用 ERM 原则？			
J.16　关于如何以一致和专业的方式捕捉和处理风险信息，管理者和工作团队（包括 CRSA 研讨会）能否获得正式的指南和标准文件？			
J.17　是否激励管理者更新他们记录的风险评估：在情况发生变化时根据收到的新信息更新，或者定期（至少每个季度）更新？			
J.18　遍布组织的所有经营报告系统是否突出了需要进一步行动的重要领域，是否涉及监督经营的高风险领域，从而包含了 ERM？			
J.19　所有现存的和草拟的主要经营系统是否包含了早期警告机制？该机制用于报告接近于设定风险容限的行为或意外，并就缺乏报告、加强内部控制和整体准备，协助作出适当的应对。			
J.20　是否复核公司报告系统，以确保该系统能够考虑遍布组织的各种风险报告系统的信息，以便呈现对关键风险的高水平见解（可能时可以采用热度图的形式）？			
J.21　寻求集中任何分散的风险活动，以确保该活动落在 ERM 框架内，并向董事会层次的 ERM 发起者、内部审计师和审计委员会报告任何问题。是否存在这样的有效机制？			
J.22　组织使用的所有 KPIs 是否都是以有意义的方式设计的，并考虑了评估实现相应目标的风险？			
J.23　是否设计了正式的董事会发起流程，用于促进持续改善 ERM 的建立、实施和复核的方式？			
J.24　如果使用外部咨询师启动 ERM，是否有程序能确保将技巧从这些咨询师转移到内部管理者和职员中？			
总分：	得分：		百分比：

风险容量

K. 风险容量：组织应建立并沟通风险容量。风险容量应反映关键利益相关者的期望。对企业中的所有重大过程、项目和业绩系统应规定风险容限。风险容量被用来推动风险容限。	分数 （1－10）	证据	行动
K.1 在规定风险容量时，就什么是应对关键利益相关者期望的可接受的行为和需要，董事会是否考虑了企业的核心价值？			
K.2 在规定风险容量时，董事会是否考虑了组织的文化以及确保人们的工作方式和联络（彼此之间，以及同内外部利益相关者之间）方式符合所界定的可接受的行为和需要？			
K.3 应培训雇员，使其能够处理其工作领域的风险水平，并识别剩余风险是否超过（或者可能在将来超过）可接受的风险容限。在规定风险容量时，董事会是否考虑了雇员该方面的能力？			
K.4 在规定风险容量时，董事会是否考虑了员工的义务，以及人们是否准备努力工作，将风险控制到可接受的水平？			
K.5 在规定风险容量时，董事会是否考虑了人们工作目标的明晰性以及人们能够计量成功和实现水平的程度？			
K.6 在规定风险容量时，董事会是否考虑了来自高层的讯息内容，特别是关于激励和寻求新业务或满足目标要求的必要性？			
K.7 在规定风险容量时，董事会是否考虑了讯息的一致性，即：如何平衡风险承担和风险控制，以形成关于什么是落在可接受的范围内，什么是之外的明确讯息？			
K.8 保持在风险容限之内，并不意味着：只理解风险暴露，而不理解失去新机会的风险，于是人们拒绝承担任何风险，成为风险规避者。在规定风险容量时，董事会是否考虑了该挑战因素？			
K.9 关键讯息传承了董事会的风险观点，强化了高层所支持的立场。在规定风险容量时，董事会是否考虑了该类讯息的沟通系统？			
K.10 在规定风险容量时，董事会是否考虑了：目标的重要性、所讨论风险的种类、是向上还是向下风险、授权水平、控制监控水平、定义的风险触发器？			
K.11 董事会是否规定了下列术语的明确概念：重要性、高风险领域、不可接受的风险、风险触发器、董事会水平的关注、对公司声誉的损害、过量的控制和弱点，并将这些概念传递给管理当局？			
K.12 关于组织可能暴露的风险程度，应给出明确的公司期望。风险容量的概念是否已经以这样的方式传达给合伙人、相关者（associates）和组织中的其他人？			
K.13 简要介绍主题以及董事会对这个主题的立场。风险容量问题是以这样的形式构建到 CRSA 事项中吗？			
总分：	得分：		百分比：

评估审计方法的检查表
审计方法

A. 审计方法：CAE 应在 ERM 背景下，建立适当的方法。该方法应最大程度地利用可获得的内部审计资源。	分数 (1–10)	证据	行动
A. 1 关于审计在 ERM 中的职责，是否已经参考 IIA 职业实务框架，充分研究了现有的选择？			
A. 2 在风险管理过程不成熟的组织中，是否已经参考相关的 IIA 实务建议，定义了审计职责？			
A. 3 在风险管理过程成熟的组织中，是否已经参考相关的 IIA 实务建议，定义了审计职责？			
A. 4 关于 ERM 过程中的审计职责，是否配合公司风险政策，在审计委员会上讨论并在审计章程中正式记录？			
A. 5 关于审计 ERM 过程中运用的所有恰当的工具和技术，对其拥有胜任能力和技能的审计人员能否以最恰当的方式来识别和应用这些技术？			
总分：	得分：	百分比：	

咨询

B. 咨询：审计部门应提供适当范围的咨询服务，以最好地利用审计技巧来增加组织的价值。	分数 (1–10)	证据	行动
B. 1 关于 ERM 的设计、实施和复核，审计部门能向董事会、审计委员会、管理当局和相关人员提出适当水平的建议吗？			
B. 2 关于如何建立良好的 ERM 过程，审计部门应提供领导并明确方向。如果没有显而易见的资源完成此需要，审计部门能提供该领导和方向吗？			
B. 3 审计部门是否能够计量组织内控制文化的状态，并使用该信息帮助建立以风险为基础的计划，以应对经营的高风险部分？			
B. 4 审计部门应培训风险管理过程，不管从局部水平出发还是从公司水平出发使人员以研讨会和事件的方式通过风险循环。审计部门是否评估了该培训的程度？			
B. 5 以最恰当的方式应用审计技巧来促进 ERM 过程。接受大型咨询项目的标准是否建立在对此评估的基础上？			
总分：	得分：	百分比：	

鉴证

C. 鉴证：审计部门应提供核心鉴证服务，以最好地利用审计技巧来增加组织的价值。	分数 (1 – 10)	证据	行动
C.1　客观的审计鉴证服务代表的是审计部门最重要的职责，任何咨询服务都不应该过分地干预实现这些核心服务的能力。审计部门是否明确这一点？			
C.2　要明确鉴证服务如何影响 ERM 过程，并寻求提供对 ERM 是否可靠及正在履行其对组织潜在价值的独立看法。是否以这样的方式向审计委员会和高级管理者解释鉴证服务的范围？			
C.3　年度审计计划是否反映了组织所面临的高水平风险？			
C.4　以 COSO ERM、其他指南和（或）出版物中的相关模型为基础，使用适当的诊断工具，就整体或是可以单独解决的方面，全面复核 ERM 框架。审计部门是否结合了这一点？			
C.5　结合董事会所定义的风险容量，识别和解决关键风险。组织的具体领域应以这样的方式来应用 ERM。单独的审计是否结合了对此方式的评估？			
总分：　　　　　　　　　得分：		百分比：	

独立性

D. 独立性：审计过程应充分独立，从而对 ERM 过程、经营业绩和基本需要产生最佳影响，以确保公开的披露很好地反映经营实际情况。	分数 (1 – 10)	证据	行动
D.1　审计计划中包含源于审计客户要求的咨询和鉴证服务的类型。审计部门是否结合服务类型来复核审计独立性的支持性概念？			
D.2　咨询工作是否遵循了 IIA 职业实务框架？这些工作可能会潜在地损害审计过程独立性时，是否需要建立合适的保护？			
D.3　复核 ERM 过程的各方面时，是否采取了充分的步骤，来确保审计师不是以帮助建立和修订风险管理框架的方式，来复核 ERM 构成要素的？			
D.4　组织重新考虑建立所需框架的相关方面时，如果这样的框架已经被采用，并且管理者能够很好地理解 ERM 及其对管理经营风险的责任，那么 CAE 是否确信与 ERM 有任何紧密联系？			
D.5　审计师在其作为咨询师的能力范围内提供领导、促进、帮助和对 ERM 的一般建议，而鉴证服务则涉及到为（或代表）董事会及其审计委员会的第三方。审计部门是否向管理当局明确了这一点？			
总分：　　　　　　　　　得分：		百分比：	

初步调查

E. 初步调查：单项审计业务应考虑被复核领域的所有重大风险，以及客户能够通过适当的风险管理战略和内部控制来管理这些风险的程度。	分数 (1–10)	证据	行动
E.1　以所讨论领域的高风险方面和控制状态的初步评估为基础，审计师能够形成每项审计的职权范围吗？			
E.2　审计师是否考虑了客户所进行的 CRSA 事项的结果？或者，是否有余地进行审计培训的 CRSA 事项，来获取对关键风险的更好理解，以将关键风险结合到接下来的审计业务中？			
E.3　审计师是否考虑了客户所进行的职员访谈的结果？或者，是否有余地进行审计访谈来获取对关键风险的理解，以将关键风险结合到接下来的审计业务中？			
E.4　审计师是否考虑了客户所进行的职员调查的结果？或者，是否有余地进行这样的调查来获取对关键风险的理解，以将关键风险结合到接下来的审计业务中？			
E.5　在开始详细的外勤工作之前，客户已采用的目标、风险和风险管理战略将形成接下来审计的职权范围的基础。审计师能够认同客户已采用的目标、风险和风险管理战略吗？			
总分：	得分：		百分比：

审计证据

F. 审计证据：审计师应能够获得关于 ERM 过程可靠性程度的可靠证据。该证据可能是来自评估整个（或部分）风险管理框架，或者来自于已经实施的个别审计工作。	分数 (1–10)	证据	行动
F.1　关于编制被审计领域风险管理方式的审计证据的必要性，CAE 是否设定了明确的准则？			
F.2　审计客户就其风险管理过程和内部控制状态编制了证据。对于此类证据，需要执行进一步的工作，以确保对管理当局控制可靠性的观点的可靠程度进行评估。该类证据的地位是否明确？			
F.3　就导致 ERM 过程的改善或者强化 ERM 以增加经营价值和支持内部控制状况的季度披露，审计证据是否充分、胜任、相关和有用？			
F.4　单项审计收集到的证据能够集中起来评论 ERM 的更广泛方面，至少它会影响企业的具体部分。如果是重大的影响，应能够鼓励审计师用进一步的努力来寻求所识别的 ERM 构成要素的缺陷。是否以这样的方式收集源于单项审计的证据？			
F.5　客户实现的风险容限水平能够与公司关于相关经营部分（和所讨论的风险类别）的风险容量一致。关于这种一致的程度，审计师是否能够形成意见？			
总分：	得分：		百分比：

经营风险登记簿

G. **经营风险登记簿**：对组织中可能使用风险登记簿的领域，审计师需要对其风险登记簿的可靠性和列示形成意见。	分数 (1-10)	证据	行动
G.1　关于所讨论领域的风险登记簿是否符合公司风险政策所设定的准则，以及风险登记簿是否足以抓住与风险管理和内部控制相关的所有信息，审计师是否对此作出评估？			
G.2　关于所讨论领域的风险登记簿是否抓住了所有相关的风险减缓战略；风险登记簿是否支持保险政策中的任何条款；这些保险政策是关于风险实际发生时，触发索偿权，以减缓损失的必要性，审计师是否对此作出评估？			
G.3　当把客户编制的风险登记簿呈现给审计师时，审计师是否运用充分的测试来检查其是否充分遵循某些控制？这些控制是作为风险管理战略的重要部分，以将风险减缓到与公司风险容量一致的水平。			
G.4　关于风险登记簿是否作为可靠的机制，用于记录所讨论领域的经营风险管理过程的结果，审计师是否能将客户所编制的风险登记簿同审计中获取的证据联系起来形成意见？			
G.5　所讨论领域的风险登记簿是否正确记录了：该领域客户和职员就所识别风险的影响和可能性做出的决策？			
总分：	得分：	百分比：	

管理当局保证

H. **管理当局保证**：其风险管理过程和内部控制系统是可靠的，反映了所讨论领域的风险以及相关控制的真实状况。审计师应对管理当局所做的保证发表评论。	分数 (1-10)	证据	行动
H.1　某些管理者和职员直接或间接地编制所讨论领域的相关记录和报告。关于这些管理者和职员是否充分理解季度控制披露报告的概念，审计师是否证实了这一点？			
H.2　关于所讨论领域的季度控制披露报告系统是否健全并符合此类系统的所有公司准则，审计师是否证实了这一点？			
H.3　关于所讨论领域的财务报告和合规的内部控制，客户经理是否能执行可靠的复核；内部控制应是充分健康的，以分离高级管理者应该知晓的所有重大缺陷和事项。审计师是否证实了这一点？			
H.4　关于所讨论领域的 ERM 过程和内部控制报告的复核，是否按照记录和保存文件的既定标准，作了充分的记录。审计师是否证实了这一点？			
H.5　关于所讨论领域的 ERM 过程和内部控制报告的应用，是否满足了关键利益相关者（包括组织的监管者）的期望，审计师是否证实了这一点？			
总分：	得分：	百分比：	

审计鉴证

I. 审计鉴证：审计师应能够就组织的 ERM 安排，为董事会和审计委员会编制正式的鉴证报告，以确保良好的内部控制系统工作良好。	分数 (1–10)	证据	行动
I.1 鉴证报告机制使首席执行官和首席财务官，作为他们证明其内部控制义务的一部分，确保其对风险和控制作了重要投入。CAE 认同此鉴证报告机制吗？			
I.2 对客户管理者所接受的风险容限水平，向审计委员会转达异议。CAE 认同这样的过程吗？			
I.3 就所讨论领域的内部控制的可靠性程度，对审计报告意见进行分级。CAE 认同这样的系统吗？			
I.4 鉴证报告机制涉及到对组织的 ERM 构成要素的每个方面评论。CAE 认同此鉴证报告机制吗？			
I.5 随着能力的提高，当遇到任何没有在合理时间范围内采取适当行动的问题时，监控审计中被识别的较高水平的剩余风险，以确保它们被风险所有者恰当地解决。CAE 认同这样的过程吗？			
总分： 得分： 百分比：			

SIC

J. SIC：公开报告是同所有的利益相关者就其同组织的关系展开对话的一部分，以满足这些利益相关者的需要。组织应当能够在公开报告中提供内部控制报告（SIC）。	分数 (1–10)	证据	行动
J.1 SIC 超越了基本的管理要求，但它被用来提升该组织的地位。CAE 是否鼓励 CEO 制定 SIC？			
J.2 为了确保尽可能地理解和应用监管者的意图和期望，CAE 是否鼓励 CEO 展开同监管者的对话？			
J.3 CAE 是否鼓励 CEO 承担对内部控制披露的全部责任，并且不过分依赖组织较下层的授权控制报告？			
J.4 允许管理者自我评估其风险和控制，以满足所定义的准则（这些准则是外部审计师和任何相关的外部复核机构所接受的）。CAE 是否鼓励 CEO 建立这样的系统？			
J.5 CAE 是否鼓励 CEO 推动 ERM 整合到经营中，以提供内部控制报告的良好基础？			
总分： 得分： 百分比：			

评估分数

		ERM 过程得分		
项目	标题	分数	百分比	行动计划参考
A				
B				
C				
D				
E				
F				
G				
H				
I				
J				
K				

ERM 总分：

		审计方法得分		
A				
B				
C				
D				
E				
F				
G				
H				
I				
J				

审计方法总分：